イングマール=ベルイマン

ベルイマン

●人と思想

小松　弘　著

166

CenturyBooks　清水書院

はじめに

一九四五年に終わった第二次世界大戦は、一九一八年に終わった最初の大戦に引き続き、二〇世紀の歴史に破壊と殺戮の悪夢を残した。この戦争の終結後に登場した哲学思想や芸術文化などの潮流は、直接的であれ間接的であれ、二〇世紀の二度の大戦がもたらした人類の終末への予感と無関係ではいられないだろう。一九四五年以降を大雑把に「現代」という言葉でくくるなら、現代思想や現代芸術は破壊と殺戮という消し去れぬ過去から逃れることはできない。それは映画芸術の領域であっても同様である。

スウェーデンの舞台演出家であり、映画監督であり、作家でもあるイングマール＝ベルイマンを、一九四五年以降の、すなわち「現代」のスウェーデンを代表する芸術家として挙げることに異論を唱える者は少ないであろう。一九五〇年代の後半頃から、彼が最後の映画を作る一九八〇年代の初めまで、ベルイマンの国際的な名声は、その諸作品がほとんどスウェーデン映画との同義語になるほどのものであった。ポピュラリティーをもつ映画という媒体を使う作者であるからこそ、このように多くの人々にその名前が知れ渡ったことは疑い得ない。もしベイルマンが作家及び舞台演出家だけにとどまっていたら、彼の国際的な名声はあれほどのものにはならなかったであろう。
確かにベルイマンを映画の監督としてだけ限定して考えることは、彼自身の芸術世界や思想の一端だけしか見ないことになる。ベルイマン自身、自分を常に舞台演出家であるとみなし、映画監督としての定年は設けてしまったが、舞台演出家としてはなお活躍し続けているとすれば、映画だけを取り上げることは明らかに不自然である。

しかし別の面から見てみよう。スウェーデンやデンマーク、あるいは一九七〇年代以降のドイツ(旧西ドイツ)といった国々は別にして、ベルイマンの演劇活動を生で見る機会を与えられた国はわずかであった。これに対して、ベルイマンが映画芸術を介して与えた思想は世界中に及んでいる。彼の映画の上映は繰り返され、さらに現在ではビデオ・カセット等の媒体によって、個人的にも見続けられている。ベルイマンは意識して自分を舞台演出家として位置づけたが、彼の活動と思想は、世界中の多くの人々に対して、映像を通して伝わっているのである。また、ベルイマンの思想を映画の中だけで完結した一つの世界として考えることが、それほど強引ではない証拠に、ベルイマン自身による本を挙げることもできる。

一九九〇年に『映像』と題された本が、イングマール＝ベルイマン著としてスウェーデンの出版社より出版された。この本は実際上は、ジャーナリストのラッセ＝ベルイストレームがベルイマンにインタビューをし、その質問部分を削除して書き言葉の調子に文章を仕上げたもので、厳密にいえばベルイマンが書き下ろした本とは言いがたい。けれども、少なくともその外観は、ベルイマンが自分の過去の映画作品について書いた本のようになっている。この本を準備するために、ベルイマンは約一年かけて、自分が過去四〇年間作り続けてきた映画作品を見た。自分の過去の映画作品を再び見直すことなど、彼はそれまでに全くしなかったという。しかし自分の映画についての一冊の本のために、この初めての体験をすることによって、彼自身、自分の映画は自分にとって次のようなものであることを知った。

「映画はしばしば魂の内側で、心で、頭で、神経で、性器で、そしてまた内臓でも形作られていたことに、私は突如としてはっきりと気づいた。特定の名前をもたないような欲望が、映画を生み出したのだ。〈職人のよろこび〉とでも呼べるような、もう一つの欲望が、この現実世界の中に、映画を出現させてくれたのだ。」(『映像』より)

ベルイマンは、自らの魂を映し出す「ぼやけたレントゲン写真」のような自分の映画を再び見ることによって、自らの内面の過去をのぞき見ようとする。そう、映画はこのようにベルイマンにとっては、自分自身を照らし出すものなのである。私たちは舞台演出家や作家としての側面は傍らに置き、私たちが最も接しやすい、ベルイマンのこの側面に焦点を当てることにしよう。

イングマール＝ベルイマンが現代スウェーデンの代表的芸術家であることは疑いない、と語った。

しかし見誤りたくないのはベルイマンが現代スウェーデン芸術と同義語なのではないことだ。それはあたりまえのことなのだが、一般にあまり多くのことが知られていない国で突出した人物は、概してその国の精神とほとんど一つであるようなレッテルを貼られがちである。それではベルイマンはスウェーデンという国の中で、一体どのような存在なのだろうか。大芸術家、大演出家としてみなされていることは確かだろう。しかし彼の映画作品は、スウェーデン人にとっても何らかの〈代表的なもの〉を反映していると言えるのか。

この問いに、私は以前から関心を抱いていた。スウェーデンの映画について多くを知れば知るほど、ベルイマンの作品に当てられた〈形而上学的〉とか〈宗教的〉といった形容詞が、スウェーデン映画の傾向を代表するというより、むしろきわめて特殊なものであることに気づくからである。この問いに対する一つの答えを与えてくれる著作が一九九六年に出版された。スウェーデンの映画学者ビルギッタ＝ステーネが書いた『ベルイマンとの月曜日』という研究書がそれである。

一九八六年以来、ストックホルムにある映画館〈フォーゲル・ブロ（青い鳥）〉は、毎週月曜日の夜七時より、ベルイマンの映画を上映し続けている。この研究書は、一九九三年九月から一九九四年五月にかけて、この映画館で行われていた月曜の夜のベルイマン映画回顧上映に集まった人々を対象として、彼らがベルイマンの映画に対してどのような関心を持っているかを調査している。この研究は私たちに、普通のスウェーデン人がベルイマンをどう見ているかについて語ってくれる。

年齢も職業も様々な一般のスウェーデン人がベルイマンに対して抱いているイメージや彼の作品に対する関心は、私たち外国人が想像するよりはるかに控えめであり、概して彼の映画はスウェーデン国内では特別に人気のあるものではない、という結論がこの調査から見えてくる。これはとりたてて意外な結論ではない。ベルイマンの映画は一般に内省的であり、決して陽気ではない。映画を娯楽として楽しむことを第一に考える人々に向いているとは決して言えない。たとえばこの調査のアンケートに答えた二七歳の男性の言葉に「私の両親は、私がベルイマンの映画を見て、自殺志願者になりはしないかと思っている」などというものがある。しかし一方で、お気に入りのベルイマン映画の第一位に同点で『第七の封印』と『野いちご』が入っているのも興味深い。わが国で同じようなアンケートをとっても、最もポピュラーなこれら二作品は必ずや最上位に入ると思えるからである。

ベルイマン映画の魅力は、スウェーデンという国の芸術や文化と切り離すことはできないが、また同時にそうした地域性を超えて、第二次世界大戦後の「現代」に存在する問題と直接に向き合っているところにもある。それは苦痛に満ちた問題であって、映画というポピュラーな媒体において、誰もがそれを直視しようと思うわけではないだろう。スウェーデン人であっても、私たち日本人であっても。しかしベルイマンの思想を映画の中に見出そうとするなら、私たちはベルイマンという一人の個人が、世界とどう向き合ってきたのかを考えないわけにはいかないであろう。

目次

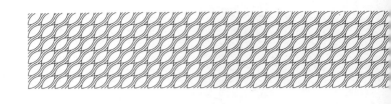

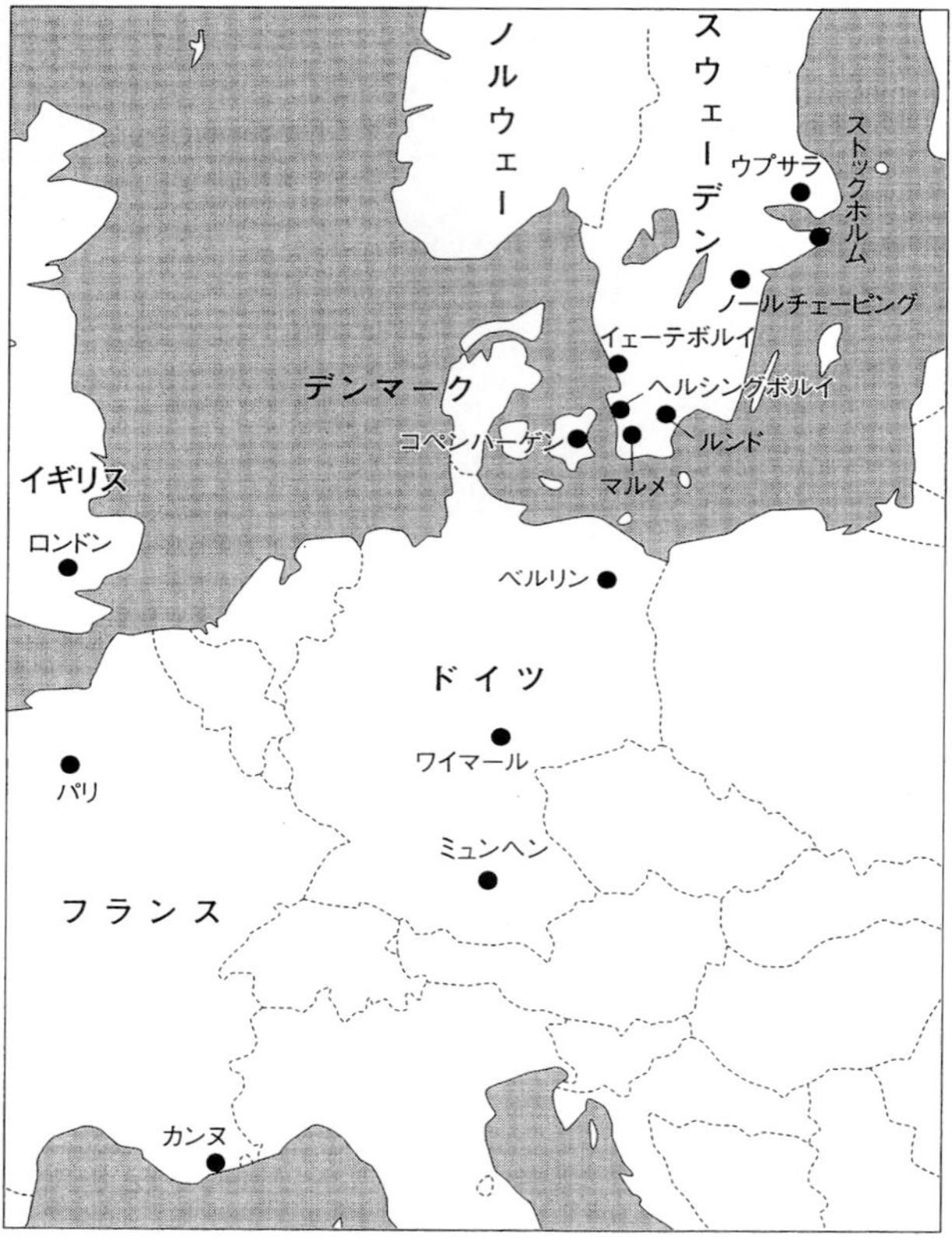
ノルウェー
スウェーデン
ウプサラ
ストックホルム
ノールチェーピング
イェーテボルイ
ヘルシングボルイ
デンマーク
コペンハーゲン
ルンド
マルメ
イギリス
ロンドン
ベルリン
ドイツ
ワイマール
パリ
ミュンヘン
フランス
カンヌ

ベルイマン関連地図

I　夢の世界・劇場世界

若き演出家の誕生

牧師の子

イングマール＝ベルイマン（洗礼名エルンスト＝イングマール＝ベルイマン）は、一九一八年七月一四日、ストックホルムの北にある大学町ウプサラで生まれた。父はエーリック＝ベルイマン、母はカーリン（旧姓オケルブロム）で、彼らにとっての二番目の男の子であった。父エーリックは薬剤師の子供として生まれたが、その祖父は牧師であった。ウプサラ大学で神学を学んだエーリックは、この祖父と同じ仕事を選んだ。イングマールが生まれた時、父エーリックはストックホルムのヘドヴィーグ・エレオノーラ教会の補助牧師になっていた。

母カーリンの父ヨーハン＝オケルブロムは南ダーラルナ鉄道の建設に携わったエンジニアであり、カーリンの母アンナはインテリの家系の出であった。アンナの父親エルンスト＝ゴットフリート＝カルヴァーゲンは著名な言語学者として知られた。

イングマールの両親はストックホルムで暮らしていたが、母カーリンはウプサラの大学病院でイングマールを出産した。ウプサラの母方の祖父の家にベルイマンはしばしばストックホルムから遊びに出かけた。この家は幼少期のベルイマンに対して、古きスウェーデンのブルジョワの家庭として強烈な印象を与えたようだ。ベルイマン自身が後のインタビューで答えていることだが、そこは彼の豊かな想像力の源泉になっている。映画『ファニーとアレクサンデル』の舞台は、まさしくこの祖母アンナの家が喚起する想像の世界であり、ベルイマン自身が内面の中に作り上げた彼自身の子供時代の場所である。

イングマール＝ベルイマンの父エーリックは説教師として並々ならぬ才能をもっていたようだ。一九二四年のある日曜日、スウェーデン国王グスタフ五世の王妃ヴィクトリアが彼の説教を聞き、それに非常に感動した。まもなくしてエーリックは、王立病院ソフィアヘンメット付属礼拝堂の専属牧師に推挙された。これは大変名誉なことであった。ベルイマン一家は、王立病院に属する大きな公園の中に建てられた牧師館で生活することになった。

母カーリン

エーリックには三人の子供がいた。イングマールは、その二番目の子供であり、その上にはイングマールの兄にあたるダーグ、その下には後に作家となる妹のマルガレータがいた。

イングマール＝ベルイマンの子供時代については『幻燈』と題された自伝（邦訳書名『ベルイマン自伝』）の中に鮮やかに描かれている。もしかしたら創作が入っているのではないかとすら思えるほどに、あたかも芝居か映画の一場面のように描かれた彼の子供時代の記憶から、彼の後の映画作品の本質を形作ることになるエピソードをいくつか挙げてみる。

父エーリック

暗い衣装部屋

父エーリックは子供たちの罪に対して体罰をもって接し、これが幼いイングマールには耐えがたい屈辱となった。直接的にはこれが後に父に対する憎しみ、母親に対する哀れみとある種のコンプレックスにまで発展するが、間接的には聖職者に対する懐疑の念、さらには神の存在そのものに対するベルイマンの問いにすらなってゆく。罰せられた屈辱感は、こうしてベルイマンに対してエネルギーを与え、創作の源泉をも形作るのである。

父親による子供に対する罰の与えかたとして、もう一つベルイマンの想像力を喚起するものがあった。それは子供を暗い衣装部屋の中に閉じこめてしまうという罰である。ベルイマンの評伝を書いたイギリスの映画評論家ピーター＝カウイによると、衣装部屋にイングマールを閉じこめたのは、実際にはウプサラから子供たちの世話をするためにやってきた祖母アンナであったという。だが誰が入れたにせよ、この恐るべき闇の小部屋はまた同時に、その中で幻燈や映画の映像が展開してゆくような、想像的世界を生み出す場所でもあった。

自伝によると、ベルイマンの子供時代は、想像の世界がいつでも現実の世界と隣り合っており、この二つの世界は区別されずに彼の中で混ざり合っていた。そして映画もまた、この少年の現実と想像の世界の中に参加することになる。

映画との出会い

ベルイマンの記憶によると、彼が最初に見た映画は『ブラック・ビューティー』という黒馬が主人公の映画だった。これはアンナ＝シーウエルによって書かれた有名な本に基づいて作られたヴァイタグラフ社製作のアメリカ映画で、日本でも『黒馬物語』という題名で一九二二年に封切られている。イギリス貴族社会が舞台となっているためか、この作品は製作国のアメリカよりもむしろイギリスで大変話題となり、スウェーデンを含むヨーロッパ諸国でも次々に上映された。ベルイマンがこの映画を見たのは、彼自身の語っているところによると一九二四年のことで、彼は当時六歳くらいであった。幼いベルイマンにこの上ないほど強烈な印象をこの映画が与えたのは、これが傑作映画だったからではない。映画の出来不出来はともかくとして、注目せねばならないのは、幼いベルイマンに与えた映画の魔力についてである。

映画館の暗闇の中に展開する明るい光の映像は、想像的なものを次々と生み出していた少年にとって魅力的な世界であったに違いない。この映画を見て以来、彼は映画を見に行くという習慣をも

小学校時代のベルイマン（左から２人目）

つようになる。それから一年後のクリスマスの日、祖母アンナはベルイマン家に映写機のプレゼントをもってきた。これはイングマールの兄ダーグへのプレゼントだったが、どうしてもそれを手に入れたかったイングマールは、一〇〇人の鉛の兵隊と引き換えにこれを自分のものにした。

彼はこの家庭用映写機についていたフィルムのことを今でも覚えている。それは『ホッレ夫人』という題名の短いフィルムで、茶色に染色されていた。それはおそらく長いフィルムの一部分を切りとった映画だったのだろう。至るところに羽毛を振りまくという童話のホッレ夫人は、そこには映されていなかった。そこにあったのは、草原に横たわっていた少女が起きあがり、踊りを踊った後、画面の右側に消えていくという映像だった。

ベルイマンはこの手回し映写機を使ってこの映像を何度も繰り返して見た。その後彼は家庭用映写機向けに販売されていた古いフィルムの断片を玩具店から買ってきて、これを映写して楽しんだりした。ずっと後に、ベルイマンは小型映画用に売り出された古典的な長編無声映画を収集して、映画の研究をするようにもなる。一九四八年に作られたベルイマンの映画『牢獄』の一場面で、主人公が屋根裏部屋で古い映写機とフィルムを見つけて、これを映写してみるところがある。ここに映された映画フィルムは、ベルイマン自身が子供の頃に買った短いフィルム断片を記憶で再現したものである。

一〇歳になったベルイマンは初等・中等教育を行うエステルマルム文法学校に入学する。この学校では毎週土曜日の夕方六時から、生徒向けの映画が上映された。この映画会に彼は兄のダーグと欠かさず参加した。こうした学校の映画以外にも、彼はウプサラにいる祖母アンナのもとを訪れた際には、ついでに映画館にも入って、映写技師と仲良くなったりした。

小型映画はフィルムを自分で回して上映するという意味ではベルイマン少年に何らかの作品の創造に立ち会っているという感覚を与えただろうが、彼はまだ映画そのものを自分で演出しているわけではない。だが、映画と同様に彼が熱中したものとして、もうひとつ、人形劇があった。こちらの方は自分で劇場を組み立て、自分で人形を動かして、自分でセリフをつけるのであるから、創作的な意味ははるかに大きかった。だが大概の場合、彼の人形芝居の観客は妹のマルガレータ一人であった。こうした活動は、彼が大学入学資格を得る一九三七年まで続いた。

ドイツ滞在

一九三四年、ベルイマンが一六歳の時に、父エーリックはかつて補助牧師として働いていたヘドヴィーグ・エレオノーラ教会に戻り、ここの首席牧師に任命された。この職につくことは、この教会がスウェーデン王室と結びついているために、王室付き牧師となることを意味していた。

この年の夏に、ベルイマンは交換留学生としてドイツに行き、ドイツ人の家庭に六週間ほど滞在している。ヒトラーが政権を握って、ドイツ国民は催眠術にでもかけられたかのように反ユダヤ主義の思想を植えつけられていった時代である。それまでのベルイマンの人生の中において、文学で最も影響力をもったのはストリンドベルイであり、音楽ではワーグナーであった。ちょうどワイマールではヒトラー臨席のもと、ナチス党大会が開かれることになっており、オペラ劇場ではワーグナーの『リエンツィ』が上演される予定になった。ベルイマンは彼のホスト・ファミリーとともにワイマールに行き、このナチス党による式典を見物した。

この年の七月一四日の誕生日に、ベルイマンはドイツのホスト・ファミリーからヒトラーの写真をプレゼントされている。こうしてワーグナーへの憧憬とともに、ヒトラーはベルイマンにとってしばらくの間、大変尊敬すべきドイツの総統となってゆくのである。ニーチェにも心酔していたベルイマンにとって、それは一種の〈超人〉のような存在に見えたのかもしれない。ベルイマンが自伝ではっきり書いているように、彼の兄ダーグはスウェーデンにおけるナチス党の創立者の一人であり、父エーリックもそのシンパであった。ヒトラーとドイツのナチス党が戦争中に行った行為について、彼は戦後になって初めて知ることになるのである。

学生演劇への目覚め

一九三七年に大学入学資格試験に合格したベルイマンは、ストックホルム高等学校（後のストックホルム大学）に入学する。一九三五年にウーロフ＝モランデルの演出する『夢想劇』を見て以来、舞台演出家の道を志していたベルイマンが、名高いストリンドベルイ学者マルティン＝ラムのいるこの学校を選んだのは自然である。彼は文学・美術史学科に学生登録する。ここでベルイマンはストリンドベルイの戯曲『天国への鍵』の演出に関する論文を書いたりするが、しかし彼の関心は大学でのアカデミックな勉強よりも、実際の舞台演出の方に向いていた。

近代劇の祖として知られるスウェーデンの劇作家アウグスト＝ストリンドベルイ（一八四九－一九一二）の戯曲『ウーロフ師』（一八七二）にちなんで、一九三一年にストックホルムに設立されたメステル・ウーロフスゴルデン〈ウーロフ師の屋敷〉の意）は、教会が若者の集会場として作った施設であった。年を追うごとにこの施設の会員は増え、他の仕事で忙しい教会の関係者が片手間で管理するのは不可能になった。そこで常勤の支配人が選ばれた。支配人となったのは、以前サンドベルイ書店で働いていた若者スヴェン＝ハンソンである。メステル・ウーロフスゴルデンの活動の一つにアマチュア演劇があったが、ベルイマンが大学に入学した一九三八年頃にはこの活動もすっかり沈滞してしまっていた。スヴェン＝ハンソンは旧知のベルイマンを招き、この施設の演劇活動を活性化させようと企てた。

ベルイマンはといえば、それまでに人形を用いた舞台を個人で創作してはいたが、生身の人間を俳優に用いた舞台の演出は経験がなかった。しかし舞台演出家になるという彼の決心はすでに揺るぎのないものであり、アマチュア演劇とはいえ、この抜擢は彼にとって大きなチャンスを意味した。こうしてサットン＝ヴェイン作の舞台劇『外国の港へ』がメステル・ウーロフスゴルデンの小さな舞台で上演された。スウェーデンの日刊紙〈スヴェンスカ・ダーグブラーデット〉がこのベルイマンの初めての舞台演出について、一九三八年五月二四日付けの紙面で批評を載せているので紹介してみよう。

「学生セツルメントであるメステル・ウーロフスゴルデンの舞台スタジオが、火曜日の夜に、ストックホルムの港に停泊中の船から七〇人の船員を、サットン＝ヴェイン作の『外国の港へ』の上演に招待した。ストックホルムの教会の船員管理部が以前は客を招いてコーヒーとお菓子でもてなしていた市のミッション教会ホールで、演劇の上演会が開始された。この劇の演出を行った学生イングマール＝ベルイマンが、短い作品紹介をした後、感動的な劇の上演が始まった。この劇は観客に深い印象を与えたように見えた。若い俳優たちは好演し、非常に見事であった。観客は助修士アラン＝クリスティエルニンに感謝の意を述べた。」

メステル・ウーロフスゴルデン（前列中央がベルイマン）

この上演には教区牧師であった父エーリックも居合わせた。エーリックはキリスト教教育の観点から、この上演に関心をもったが、息子イングマールが芝居の世界に入っていくことには断固反対であった。次の芝居ではストリンドベルイの『幸福なペールの旅』が選ばれた。ベルイマンは演出ばかりでなく、舞台装置のデザインもし、さらに『外国の港へ』の時と同様に端役で演技も行った。

『マクベス』の上演

メステル・ウーロフスゴルデンの劇団によって作られた舞台のうち、最も成功したのは一九四〇年四月に上演された『マクベス』であった。ナチスが破竹の勢いでヨーロッパ諸国を勢力下に置き、中立国スウェーデンがこれに非常に敏感になっている頃である。隣国デンマークとノルウェーもナチスに占領されたばかりであった。『マクベス』の上演にあたって、ベルイマンはより多くの観客に見せるために、これまでのように小さなミッション教会のホールでは上演せず、女学校の講堂を借りてこれを上演した。

前に述べたように、ドイツに交換留学生として行き、ヒトラーに優れた指導者の姿を認めたベルイマンは、『マクベス』のリハーサル中には、これを反ナチスの寓意をもたせた芝居にしようとは考えていなかった。だが初演を間近に控え、ナチスの侵略に備えて劇団員の青年たちが召集されるという噂が流れた。ベルイマンはスヴェン＝ハンソンに頼んで、劇団員が召集されないよう当局と交渉させた。この『マクベス』の上演プログラムの中にベルイマンは次のように書いている。

「この秋に『マクベス』を上演するのはよい機会である。この問いをラジカルにたてれば、その答えは〈その通り〉ということになるだろう。マクベスは反ナチス的ドラマなのだ。それは人殺しと戦争犯罪人との激しい論争だ。無慈悲に、そして精神分析的一貫性をもって、強力な独裁者がバラバラにはぎとられる。増殖し、掴み得る力をもって彼の犯罪は一つ、また一つとふえてゆき、終いには彼を滅ぼしてしまう。

しかしそれだけではない。緊張の力が置かれるだけで、不正な手段で得た力の災い、邪悪なもののもつすべてを凌駕する力、生の恐怖、犯罪の孤立、ヒステリックでワインに浸されたような絶望、死の恐怖、恐れへのあこがれ、そして最期の血だらけの調停と、これらすべてがこの暗く途方もないドラマの中にある。それは舞台空間をほとんど破裂させてしまい、俳優と演出家は自分自身の外側、はるかに離れた新しい表現を行わなければならなくなる。」

この舞台でベルイマン自身はダンカンの役を演じた。当時のストックホルムの主要な日刊紙は、この上演を非常に高く評価し、例えば〈ダーゲンス・ニュへッテル〉紙はベルイマンの「演出の背後に、はっきりとした演出の思想がある」と述べ、この若き演出家の仕事をほめている。

『マクベス』のベルイマンによる演出に関心を示したのは、演劇評論家ばかりではなかった。新たな文学の拠点を形成しつつあった文芸誌「フュッティオタル（四〇年代）」の編集長も、ベルイマンの舞台演出に大きな印象を受けた。ベルイマンは学生のインテリ・グループの集会に誘われ、これがきっかけとなって学生劇場でストリンドベルイの『ペリカン』と『父』を演出する機会が得られた。

ところでメステル・ウーロフスゴルデンでの演出活動を開始してからしばらくして、ベルイマンは女友達と半同棲のような生活を始め、何日も家に帰らなかった。それ以前から厳格な父エーリックに対する彼の憎しみは増大し、爆発寸前にまで達していたが、ある日父エーリックに女友達との関係を咎められるや、父と息子の間の緊張感は絶頂にまで達した。ベルイマンは父を殴り倒し、家を飛び出て、スヴェン＝ハンソンの所に駆けこんだ。それから何年もの間、ベルイマンは父エーリックと会うことはなかった。

家を出てからのベルイマンは、舞台演出に没頭した。その中にはシェイクスピアの『真夏の夜の夢』やストリンドベルイの『幽霊ソナタ』などがある。

脚本家から映画監督へ

映画の現場へ

一九四二年九月には、二年ほど前に自ら創作した戯曲の一つ『カスペルの死』が、学生劇場で上演される運びとなった。この舞台の上演を見ていた観客の中に、スウェーデン最大の映画会社スヴェンスク・フィルムインドゥストリの社長になったばかりのカール＝アンデルシュ＝デュムリングと、この映画会社の脚本部主任であり、作家ヤルマール＝ベルイマンの未亡人のスティーナ＝ベルイマンがいた。デュムリングは、未熟ではあるものの、大胆かつ想像力に富んだ発想に満ちたこの劇の、台本作者にして演出家のイングマール＝ベルイマンに関心をもち、スティーナ＝ベルイマンにこの作者と会うように指示した。翌日二人は会い、イングマール＝ベルイマンはスヴェンスク・フィルムインドゥストリ社の脚本部で、スティーナ＝ベルイマンの助手として働くことになった。これがイングマール＝ベルイマンが映画の世界に入った最初のきっかけである。

『カスペルの死』で振り付けを担当したダンサー、エルセ＝フィシェルとベルイマンが結婚したのは翌一九四三年三月二五日のことであった。これがその後何度か繰り返される彼の正式な結婚の、最初であった。挙式はヘドヴィーグ・エレオノーラ教会で行われた。

一九四三年の一年間に、ベルイマンは脚本部で数多くの凡庸な映画脚本を読み、セリフの手直しの仕事をするほか、自分でもオリジナル脚本をいくつか書いた。一九四四年の初めにその中の一つ『もだえ』を彼は映画監督のグスタフ＝モランデルに見せた。モランデルはデュムリングに手紙を書き、ベルイマンのこの脚本を映画化するように勧めた。

『もだえ』の映画化

当時スヴェンスカ・フィルムインドゥストリの〈芸術監督〉は、デュムリングの意向でこの地位についたばかりのヴィクトル＝シェーストレームであった。ヴィクトル＝シェーストレームは一九一二年から一九二〇年代の初めまで、スウェーデンの無声映画期を代表する大監督であり、俳優でもあった人物で、今では〈芸術監督〉という肩書きで、スヴェンスク・フィルムインドゥストリにおける実際上の映画製作の総指揮にあたっていた。シェーストレームは『もだえ』の脚本を読んで気に入り、これをすぐに映画化させるつもりでいたが、演出を引き受けてくれる監督がいない。最終的にこの脚本はアルフ＝シェーベルイのもとに回ってきた。

『もだえ』の略筋は大体次のようなものである。

ヤン＝エーリックはギムナジウム（中・高等教育機関）の学生で、まもなく始まる大学入学資格試験のために一生懸命勉強している。学生たちの間で憎しみをこめて〈カリギュラ〉というあだなが付けられているラテン語の教師が、学生の中でも特にヤン＝エーリックをねらって執拗にいじめる。このカリギュラという教師は、スウェーデンのナチス新聞〈ダーグスポステン〉を読んでいるなど、次第にナチスのシンパであることが明らかとなる。

　ある日ヤン＝エーリックは近くの雑貨屋で働いているベルタという女性と知り合いになる。彼女はヤン＝エーリックに、夜になると彼女を責め悩ます不気味な男が自分のところにやってくることを告げる。

　ヤン＝エーリックはベルタを愛するようになるが、ある日彼が彼女のアパートの部屋を訪ねると、そこには彼女の死体があった。そしてその傍らにカリギュラがいた。

　警察の検死結果では、ベルタはアルコール中毒と心臓麻痺によって死んだとされた。だがヤン＝エーリックは、ベルタが語っていた夜になるとやってくる恐るべき男こそ、カリギュラであることを知る。彼はギムナジウムの校長の前で、カリギュラを非難する。だがヤン＝エーリックは試験に失敗し、学問への道は閉ざされてしまう。

　彼はベルタのアパートの部屋に一人で住み始める。ギムナジウムの校長が、ヤン＝エーリックに会うためにここを訪れ、彼に帰宅するよう勧める。だが彼は校長の説得を聞き入れない。ヤン＝エーリックが外に出ようとした時、階段のところで彼はカリギュラに出会う。カリギュラは彼と話をしようと試みるが、彼はカリギュラを無視して出てゆく。彼は町の中をさまよい歩き、太陽が輝く丘に出る。

この映画『もだえ』を監督したアルフ＝シェーベルイは一九〇三年生まれで、ベルイマンよりちょうど一五歳年上である。彼は非常に高名な舞台演出家であり、一九三〇年には二七歳の若さでストックホルムの王立劇場主任監督になっている。映画の分野でも『もだえ』の前に、無声映画一本を含めて六本の作品を監督しており、そのいずれもが大変優れていた。ベルイマンの最初のオリジナル映画台本が、彼自身が尊敬するシェーベルイのような人物によって演出されたのは、実に幸運だった。

権威の権化

シェーベルイは一九七六年に出版されたインタビュー本『アルフ＝シェーベルイとの対話』の中で、『もだえ』がファシストの時代の学校を描いていると述べ、「ドイツの学校は、自らすすんで去勢されることを許すような人間を作り出した」と語っている。ベルイマンの脚本を読んだ時、彼は自分の学生時代のことを思い出した。それはきわめてドイツ的な学校であり、学生たちは重苦しい圧迫感を常に感じていた。そして偶然にもベルイマンとシェーベルイは同じ教師に習っており、その教師は学生たちの間では〈御者〉というあだなで通っていた。『もだえ』が公開されるや、ただちにこの学校のモデルとされたギムナジウム、パルムグレンスカ高等学校の校長が、日刊紙〈アフトンブラーデット〉に短い文章を寄せた。この文章の中で、その校長は、教師たちと友好的な関係をもっていたこの善良な学生が、自分がかつて学んだ学校を攻撃したことは残念であると述べた。これに対してベルイマン自身、数日後の同じ新聞に自己弁護をする文章を書いている。

『もだえ』が最初からはっきり示していることは、この映画の主人公ヤン＝エーリックが脚本作者であるベルイマンの分身であるということだ。ラテン語教師カリギュラは権威の権化であり、生徒の中に弱みを少しでも見つけると、徹底的にそれを突いて、責め続ける。権威を権威として位置づけている学校というシステムの中では、それがいかにサディスティックに見えようとも、当然のこととして通っている。この図式は、学校を教会に変えれば、単にベルイマンの学生時代の抑圧としてだけではなく、彼が育った家庭の中における抑圧としても見ることができるだろう。牧師として厳しく息子を教育し、さらに息子の過ちや罪に対して仮借なき罰を与えた父エーリックと、屈辱感をいつも味わっていたベルイマンとの間の関係を、『もだえ』の中のカリギュラとヤン＝エーリックの関係に読み取ることができるだろう。このように高校という権威の場所という外面的な意味と、父に対する憎しみという内面的な意味の両方において、映画『もだえ』は若きベルイマンの自己告白という性格をもつ作品になっている。

シェーベルイの演出力

だが映画『もだえ』を監督したのはアルフ＝シェーベルイであり、映画の作者としての監督の仕事をここで無視するわけにはいかない。ベルイマンは『もだえ』の脚本を書いただけではなく、実際の撮影でもシェーベルイの助監督として、そして〈スクリプトガール〉として働き、部分的にはこの映画の中で監督の仕事も行った。

スクリプトガールというのは、監督のそばについて、撮影されたショット（映画カメラによって撮影された一続きの映像。通常、断片的に俳優のアクションを記録した映像である）を克明に記録する係で、大概の場合女性が行うので、このように呼ばれている。

シェーベルイのような当時スウェーデンで最高の監督について、ベルイマンは映画の演出が実際上どのように行われるのかを、この『もだえ』によって学んだ。また細心の注意を要求されるスクリプトガールの仕事は、恐らくショットを分析的に見てゆくという訓練にもなったことだろう。

ベルイマンにとっては自己告白的な意味を持っていた『もだえ』は、シェーベルイにとっては、同時代の危機的な社会に対する寓意的な表現であった。シェーベルイは『もだえ』の中のギムナジウムを、ドイツのファシズム世界にたとえた。先に引用したインタビューの中でシェーベルイは、カリギュラの姿をヒムラー（ナチスの突撃隊長でありゲシュタポの長官であった人物）に似せることによって、政治的な鉾先を強調したと述べている。ベルイマンの脚本の中にはなかった時代意識や政治的寓意は、シェーベルイによって与えられたものであった。さらに影が強調され、暗く出口の見あたらないような、この迷宮のような世界、ギムナジウム内部の場面の造形的に美しい演出には、シェーベルイの力量が示されている。

ところで『もだえ』の最後の野外場面、主人公ヤン＝エーリックがベルタのアパートを出て、路地を歩き、丘に出るところは、シェーベルイが都合で撮影に立ち会えなくなり、その代わりにベルイマンが演出することになった。ごく短い場面とはいえ、ベルイマンが初めて監督をしたということでは、記念的なこの映画のエンディング場面である。

監督デビュー

『もだえ』の撮影が大部分終わったある日のこと、演劇批評家のヘルベルト＝グレーヴェニウスがベルイマンに電話をかけてきて、南スウェーデンの町ヘルシングボルイの市立劇場の主任演出家にならないかと誘った。こうして、以降、ベルイマンは映画と演劇の、まさしく「二足の草鞋を履く」多忙な人生をスタートさせることになる。

ベルイマンはスヴェンスク・フィルムインドゥストリに脚本の仕事で入社したのだが、アマチュア演劇で演出を手がけているのを見てもわかるように、本来は俳優を使って演出を行う仕事の方を望んでいた。『もだえ』が映画化される前から、彼は社長のデュムリングに映画演出の機会を与えてくれるよう何度も頼んでいた。映画監督としてデビューする機会は一九四五年の春にやってきた。最初の妻エルセ＝フィシェルと別れ、二番目の妻となるダンサー、エレン＝ルンドストレームと暮らし始めた頃である。

ベルイマンの最初の監督作品になった『危機』は、デンマークの作家レック＝フィシャーの書いた戯曲『母の心』を原作としている。スヴェンスク・フィルムインドゥストリは一九四四年の四月にこの戯曲の映画化権を取得した。この際レック＝フィシャーは題名を『母の心』から『母という動物』に変更している。これは生みの母親と育ての母親の間で苦しむ少女を描いたメロドラマで、デュムリングはこれを撮影可能な台本に仕上げれば監督をしてもよいという許可をベルイマンに与えた。ベルイマンは台本を書き、それを『ネリーを巡る劇』という題名で監督することになった。

『危機』

最終的には『危機』という題名にされたこのベルイマンの監督第一作は、一般には平凡な映画で、後のベルイマンを思わせるところがあまり見あたらないと評価されている。スウェーデンで最初にベルイマンについての本を書いた俳優のフリティオフ＝ビルクイストは、この最初の映画に関するベルイマンの言葉を紹介している。

「四人の人間が一人の若い女性の引っぱり合いをする、すべての者が、あるやり方で彼女を必要としている。みんなが彼女から何かを得たいのだ。それはチェスのようなものだ。引っぱり合いと緊張は、これらの人々の互いの内的関係を通じてますます激しくなる。これは私が長い間思っていた問題である。それは人間の間の所有権という問題だ。そんなものはないと私は思う。『これは私の妻だ。私の子供だ。私の友達だ』というのは誤りだ。人間は他者を決して所有することはできない。……私は長い間これを語るための一形式を探していた。そしてこの戯曲に鍵を見つけたのだ。」

一八歳の娘ネリーは、育ての母親インゲボルイと暮らしている。ある時彼女の生みの母親イェニーが、愛人ジャックを連れて町に戻ってくる。イェニーは娘が自分のもとに戻ることを要求する。ネリーはジャックに誘惑され、イェニーはその現場を目撃する。ジャックは通りに出て、自殺する……。

ヨルン＝ドンネルは、ベルイマンに関する著作の中で、『危機』はありきたりの映画だが、ジャックという人物のおかげで興味深い作品になり得ていると指摘する。イェニーの愛人ジャックは仕事のない若い俳優という設定であるが、ドンネルはこの人物こそこの映画の中心人物であると述べる。

夏のダンス・パーティーの場面があるが、ジャックは〈切り裂きジャック・カクテル〉を飲んだ後、一気にその悪魔的な力を発揮し、パーティー会場を騒然とさせる。ドンネルはこの場面での会話を紹介している。――「こんな狂ったマリオネットをこれまでに見たことがあるか。これらすべてを動かしたのが誰か知っているか。俺だよ」――。

実際に映画の中で他の俳優たちがそれほど印象を与えてくれないのに対して、スティーグ＝オリン扮するこのジャックという人物は、そのニヒリスティックな態度によって非常に浮き上がって見える。この不可解な人物は、最後まで不可解なままであり、外で彼が自殺するところも、ピストルの音が聞こえるだけで、彼の姿は見えず、彼は突然人々の前から姿を消してしまう。

カルネからの影響

このベルイマンの第一作、及びこれに続く何作品かはマルセル＝カルネとジャック＝プレヴェールのコンビによって作られたフランス映画を思わせるとも評されている。確かに『もだえ』の後シェーベルイが作った『彼方への旅』にも言えることだが、ベルイマンにとってはカルネ／プレヴェールの古典的なフランス映画が、この時期の映画作法の上で手本となっていたようだ。物語的にもカルネの『ジェニイの家』（一九三六年）がレック＝フィシャーの戯曲の中に詰めこまれて、この映画『危機』ができあがっているようにも見える。ネリーの生みの母親イェニーという名前も、フランス風に発音すればジェニーである。しかしベルイマンの初期作品には、この通常平凡な作品と言われている第一作を含めて、カルネの作品にあるリアリズムがない。むしろ非常に芝居臭さが強く、現実的なものから離れてゆくような傾向をもっている。例えばロマンティシズムも、カルネの作品にあるようなものとは違い、芝居じみている。

こうした芝居臭さは、画面外から聞こえるナレーションの声が、映画の〈お話〉にコメントを加えるという技法によっても強められる。ベルイマンはこうして、映画によって観客に現実感を体験させるというタイプの監督として出発したのではなく、あたかも目に見えない作者が、画面の上方からマリオネットを操作するかのように、意図した〈お話〉の世界を作り上げるというタイプの作品に向かって行く。

テラフィルムでの仕事

『危機』は公開当時の批評では賛否両論あり、映画雑誌「ビオグラーフブラーデット」はこの映画についての両方の側からの論争を掲載している。つまりデビュー作としては、良くも悪くも注目されたわけであり、それなりに成功したと言ってよい。しかし実際の興行成績の方はかんばしくなく、一九四三年以来続けてきたスヴェンスク・フィルムインドゥストリの仕事は、これをもって無くなってしまった。

ベルイマンは演劇の仕事を通じて、ローレンス＝マルムステットというフリーのプロデューサーと知り合う。マルムステットはテラフィルムという新しい映画会社を設立し、この会社で企画している映画の監督を探しているところであった。脚本はすでに出来上がっていた。それはノルウェーの作家オスカル＝ブラーテンの戯曲『良き人々』に基づいた脚本であった。この戯曲はすでに一九三七年にノルウェーで映画化されており、翌一九三八年にはスウェーデンでもそれは上映されていた。

新しい映画演出の機会を得たベルイマンは、マルムステットに渡された脚本に手を入れ、早速製作に取りかかった。『危機』に続くベルイマンの映画第二作目、『われらの恋に雨が降る』は、偶然知り合い同棲を始めた、逆境にある男女にまつわる、一種のおとぎ話のような作品である。

ダヴィッドとマッギは雨の降る夜、駅で偶然知り合いになる。ダヴィッドは刑務所を出たばかり、マッギは妊娠している。二人はこれから一緒に生きていく決意をする。ダヴィッドは野菜園での仕事を得る。二人は正式の結婚の手続きをしようとするが、教会によって拒否される。マッギは赤ん坊を死産してしまう。さらに家からの立ち退きを迫った市の職員を殴ったとして、ダヴィッドは裁判にかけられてしまう。裁判では傘をもった不思議な老人に助けられ、ダヴィッドは無罪になる。ダヴィッドとマッギの二人は新たな人生に向かって出発する。

おとぎ話のような作品、と書いたが、実際映画のタイトル・バックではオルゴールの音楽が流れ、〈お話の始まり〉が告げられる。『危機』では、目に見えないナレーターが物語の導入をし、進行を促したが、『われらの恋に雨が降る』では、傘をもった不思議な老人が登場し、観客に語りかけ、物語を開始させる。この人物は最後の裁判の場面でも主人公を救い、物語を導く語り手であると同時に、〈天使〉のような存在として、哀れな二人の主人公を見守っているのである。

『われらの恋に雨が降る』

おとぎ話のようにも見えるのは、この人物がいるために違いない。『危機』において、ジャックのような不可解な人物が、凡庸なドラマの進行を個性的ドラマに変え得たように、無理解な社会の中で悪戦苦闘しながら生きてゆく二人の人間を描く現実味は、〈天使〉の登場によって、お話へと転換してゆく。

この後の作品の中に特徴的に見られるようになるベルイマン的な物語世界として見てみるならば、ダヴィッドとマッギを次第に一つに結びつけるものは、周囲の世界に対する彼らの共通した反発心でもあって、そこには若きベルイマンの既成の権威や秩序に対する見解が認められる。またダヴィッドとマッギの二人は結婚するために書類を牧師のところにもっていくのだが、その時に牧師がマッギに対して語る官僚的な言葉遣いの皮肉な調子は、牧師に対する批判的な視点の表れでもある。一般的にベルイマンの作品では、牧師が一般社会の現実とはかけ離れており、人々の現実に対して無理解なものとして描かれるが、『われらの恋に雨が降る』はその初期の一例である。

『危機』の映像はどちらかというと平板であり、影響を受けたカルネの作品などに比べても個性が欠けていた。それに対して、『われらの恋に雨が降る』では映像面において、同時代のアメリカのフィルム・ノワール（暗黒映画、犯罪を主題として人間の心の暗い面に焦点を当てた映画のジャンル）の影響を受けたローキー撮影（画面全体のうちで暗い部分が主調をなした撮影法）を試みており、かなり個性的な映像が展開される。アルフ＝シェーベルイの『もだえ』の撮影にあるような様式性には乏しいが、二人が雨の中で駆けこむ無人の小屋の中の不気味な様子などは、ほとんど影によって演出されており、ベルイマンがこれを実に意識して使用していることがわかる。

一九四六年、ヘルシングボルイ市立劇場との契約が切れたベルイマンは、『われらの恋に雨が降る』を撮影し終えた同年秋に、イェーテボルイの市立劇場の主任演出家となる。スウェーデンで最も新しく様々な舞台設備をもつこの劇場で、ベルイマンは一九五〇年まで多様な演出実験を行うことになる。

『顔のない女』の脚本

一九四七年、ベルイマンは前に脚本部で働いていたスヴェンスク・フィルムインドゥストリに、自作の映画脚本を売ることができた。この作品が古い友人の自殺未遂の理由を友人の恋人から聞き出すという内容の映画である。物語は途中から長いフラッシュバック（回想）に入る。ベルイマンはある時期まで、自分の作品にフラッシュバックを好んで用いており、モランデルの監督作品とはいえ、『顔のない女』はベルイマンが最初にこの技法を使った作品として注目される。フラッシュバックという技法自体は、映画において古くから用いられており、何ら目新しいことはないが、ベルイマンがこの後繰り返し使うことになるものであり、ベルイマンにおける時間の観念をとらえる上で重要なポイントになると思えるので、後から詳しく言及したいと思う。

『顔のない女』にこの他のベルイマン的な特徴を見出そうとするなら、例えば画面外ナレーションのことは指摘すべきだろう。この映画は冒頭から、狂言回し的な役を演ずる作家の自己紹介的なナレーションがあり、物語の導入をこれが行なっている。これまで見てきたように、ベルイマンの監督作品の最初の二本において、物語を進行させるためのナレーターの役割があった。これが彼が脚本を書いた『顔のない女』においても使用されている。

登場人物の面でもこの映画と後のベルイマンの作品の関係が生じている。例えば作家の友人にはマルティン＝グランデという名前が付けられているが、これは後にベルイマンが作ることになる映画『牢獄』（一九四九年）の中に登場する、ハッセ＝エクマン扮する映画監督につけられた名前と同じである。ベルイマンはしばしば、別の映画の中に同一人名を使い、あたかも各映画間を越境して同じ人物が別の世界で生活しているような印象を観客に与える、といった仕掛けを作っているが、このマルティン＝グランデなる人物は、やはりその初期の一例である。

また、このマルティン＝グランデの恋人にルートという女性がいる。彼女は彼女の母親の愛人に子供の頃犯されるのであるが、この愛人はベルイマンが脚本を書いた『もだえ』におけるカリギュラと共通するところがあり、ベルイマンの世界に存在する邪悪な人格の一つとなっている。

『インド行きの船』

『顔のない女』の脚本を売った後、ベルイマンはローレンス＝マルムステットのところで新作映画『インド行きの船』の撮影に入る。一九四七年五月二八日から続いた撮影は、同年七月一六日に終了している。これは一九四六年一〇月にヘルシングフォーシュの劇場で上演されたマルティン＝セーデルイェルムの同名の戯曲を映画化したもので、後の多くのベルイマンの映像が示す海辺の場所が初めて登場する。『顔のない女』の脚本で使った長いフラッシュ・バックはこの作品でも見られ、その他の点でもベルイマンの基本的な映画スタイルが定まった最初の作品と見ることができる。略筋は次のようなものである。

船員のヨハンネスは七年ぶりに故郷に戻り、かつての恋人サリーに会う。だが彼女は以前と違い、精神的に疲れ果てている。海辺に出たヨハンネスは、彼女と初めて出会ったときのことを思い出す。彼は父と母それに作業員とともにサルベージ船で暮らしていた。父は非常に横暴な人物であり、背が曲がっている息子のヨハンネスを子供の頃から嫌っていた。目の病気でまもなく失明するとの恐れから、父は踊り子のサリーとともに旅に出るという夢を抱く。だがヨハンネスがサリーとよい仲になると、彼は秘密に借りていた部屋に閉じこもり窓から飛び降りて自殺未遂をする。ヨハンネスはサリーに自分を待つように言い残して、船員として長い旅に出る。

海岸で過去の出来事を思い出していたヨハンネスは、サリーのところへ行き、彼女を説得して、二人で外国に旅立つ。

『インド行きの船』は主人公の内面的な格闘が、最後の場面の新たな旅立ちの希望に導かれるという点では、『もだえ』や『われらの恋に雨が降る』と共通している。それは若きベルイマンのロマンティシズムということもできる。

ここで描かれている父と息子の関係は、ベルイマンがトラウマ（精神的外傷）のようにもっていた、自分自身と父エーリックの関係に読みかえることもできるだろう。そこでは母親は、絶対君主的な父親の犠牲者のように描かれ、自分である息子は父に対して長い間従順であり続けるが、出口なしの隔離された世界から抜け出るために、権威である父を殴るという行為を通過せねばならない。『インド行きの船』にはロマン主義者の永遠なる夢である、遠くへ旅立つことによって問題を解決しようと試みるというヴィジョンがある。遠い世界へのあこがれは、この映画の父にも息子にも共通しており、それは別の面から見るなら、閉じられた世界としての自分たちの日常からの逃避をも意味している。

実験的映像　自分の世界が狭く、しかも閉鎖されているという点では、ベルイマンがローレンス＝マルムステットのテラフィルムで次に作った『闇の中の音楽』にも同様のことが言える。この作品では兵役の射撃演習中の事故で失明した主人公が、暗闇という新たな世界の中でいかに生きてゆくかが描かれる。視力を失った彼の苦しみは、彼のみる夢によって描かれており、このシュルレアリスム的とも言えるシークエンスは、ベルイマンが当時実験映画にも関心を抱いていたことの証としても見られる。この映画の夢のシークエンスにあるようなこうした実験映像は後の作品にも時々現れ、ベルイマンが映画によって単に類型的な物語を描こうとしているのではなく、人間の意識や内面的な感覚に焦点をあてていることが、これらの映像を通しても理解される。

実験映画は別にして、通常の商業映画でこうした夢のシークエンスを挿入している例は、一九四七年という時点では世界中を見渡しても非常に少なく、ベルイマンが無声映画における夢の表現や、一九四五年に作られたヒッチコックの『白い恐怖』の中の夢のシークエンスを意識したのだとしても、この独創性は評価されるべきであろう。

『闇の中の音楽』は盲目の主人公と彼を愛する女性の新たな人生のスタートという幕切れによって、これまでのベルイマンの一連の作品と同様のロマンティシズムの中に位置づけられる。同じ図式はスヴェンスク・フィルムインドゥストリに戻って彼が作った次の『愛慾の港』（一九四八年）にも見られる。

『愛慾の港』

この作品は『インド行きの船』との比較によって、その特徴がはっきりする。『愛慾の港』は舞台が港町イェーテボルイであり、まさしく当時ベルイマン自身が劇場の主任演出家を任されていた、その町である。海に接しているという点で、『インド行きの船』との場所的な類似性が指摘できる。次に登場人物であるが、『愛慾の港』では船員のイェスタが八年ぶりに故郷のイェーテボルイに戻ってくるところから始まる。これも『インド行きの船』の主人公ヨハンネスに似ている。

だが決定的に違っているのは、『愛慾の港』では、海に身を投げて自殺未遂をした女性ベリトと彼女の母親の関係が映画の中心にあることである。これは息子と父の関係が描かれた『インド行きの船』とは、対照的である。映画の中のフラッシュバック（回想）が過去を語るという点でもこの二作品は共通しているが、『愛慾の港』のフラッシュバックが語る過去はベリトについてであって、男性イェスタの過去の方は不明である。別の言い方をするなら、この映画の主人公は女性である、ということだ。監督デビュー作の『危機』も確かに、主人公は女性である。しかしそこには強烈な個性をもった女性は不在であった。

『インド行きの船』との比較で見てゆくと、『愛慾の港』は女性の姿を借りて『インド行きの船』のヨハンネスの内面的な苦闘が再び繰り返されていると見ることができる。この映画においてもベリトがイェスタとの愛を見出して、二人で困難な生活を乗り切ってゆこうと決意する幕切れが見られる。

戦後イタリアで映画を中心にして登場した新たな芸術の傾向であるネオレアリズモ（新しいリアリズム）が、ベルイマンに何らかの影響を及ぼしたとするなら、それはまさに『愛慾の港』の中にあると言えよう。ベルイマンはイェーテボルイの港を記録映画作家のような視点でとらえ、それによってこの劇映画に現実味を与える。登場人物たちは、はっきりとした社会的な階層の中で呈示され、労働者たちの生活が中心的な描写環境として定められている。『闇の中の音楽』でも部分的に社会的な階級の問題が取り上げられていたが、それはメロドラマの素材としての意味しかもち得なかった。だが『愛慾の港』では労働者としての女主人公の生活が描かれている。後の『不良少女モニカ』が若干こうした社会性をもつが、基本的に彼はこうした労働者の生活を描くという方向には進むことがなかったため、イタリアのネオレアリズモはその後の彼の映画の形にそれほど大きな痕跡を残しはしなかった。しかし同時代の映画芸術の一傾向からの影響がベルイマンの作品にはっきりと現れているという点については注目されてよい。初期のベルイマンの映画群は、彼が好んだ映画作品――カルネの映画やフィルム・ノワール――や、戦前の映画の古典、同時代の最新の映画芸術の形など、他の映画からの様式や類型の摂取によって、重要な核となるところを作りあげているのだ。その中でも海に面した場所、孤独、権威への反発などがロマンティシズムの中で、ベルイマンらしさを形成しつつあった。

『エヴァ』

『顔のない女』が成功したおかげでベルイマンは再びグスタフ＝モランデル監督の作品の脚本を書くことができた。一九四八年二月にスヴェンスク・フィルムインドゥストリがベルイマンから買った『トランペット吹きと我等の主』という映画用のシノプシスがそれで、最終的にこれは『エヴァ』という題名でモランデルによって映画化された。この脚本にも、これまでのベルイマン作品の特徴がいくつも見出せる。主人公は海軍の軍務についていたが二年ぶりで郷里に帰ることになる。冒頭部分は列車に乗って郷里に向かうこの人物の、画面外からのナレーションで始まる。そして自分が一二歳の頃のことを思い出す。ここでは短いフラッシュバックによって過去の出来事が語られる。その中で、家出した彼は旅芝居の一座の座長の娘と仲良くなる。だが盲目の彼女と彼が列車に乗っている時事故がおこり、少女は死んでしまう。それ以来彼は死が自分の身近にあるという意識を持つようになる。

郷里からストックホルムに戻った彼は、同居人の妻から誘惑され夫を殺すよう唆される。彼は本当に夫を殺害する夢を見る。その後彼は、妊娠した恋人のエヴァと海辺に滞在する。その海辺にある日ドイツ軍人の死体が流れつく。

『エヴァ』の脚本は、子供時代のトラウマ（精神的外傷）をテーマとしており、そこから生じる悪夢や、死の感覚を与える海などベルイマン的世界が散りばめられている。モランデルの監督作品としても、『顔のない女』以上にベルイマンらしい発想がよく出ている。

ベルイマン的世界の芽生え

オリジナル脚本による初監督　ベルイマンはかねてより、自分のオリジナル脚本——なんらかの原作小説や戯曲を脚色したものではない脚本——で映画を作ろうと考えており、スヴェンスク・フィルムインドゥストリのデュムリングに、自分のオリジナル脚本『牢獄』を見せた。しかし映画化は却下され、ベルイマンはウッレ＝レンスベルイの書いた脚本を手直しして、スヴェンスク・フィルムインドゥストリで『愛慾の港』を作った。しかし『牢獄』の映画化を諦めなかったベルイマンはローレンス＝マルムステットのところにこの企画をもってゆき、製作の実現にこぎつけた。

『牢獄』は初期のベルイマンの映画の中でも、最もはっきりと形而上学的な主題をもっている点で重要である。

映画撮影所で映画の撮影が行われている。かつて高校の数学教師であったが、最近精神病院を退院したばかりのポールが教え子の映画監督マルティン＝グルンデをたずね、この世を支配しているのは悪魔であり、この地上こそ地獄であるという内容の映画についてのアイディアを語る。監督の

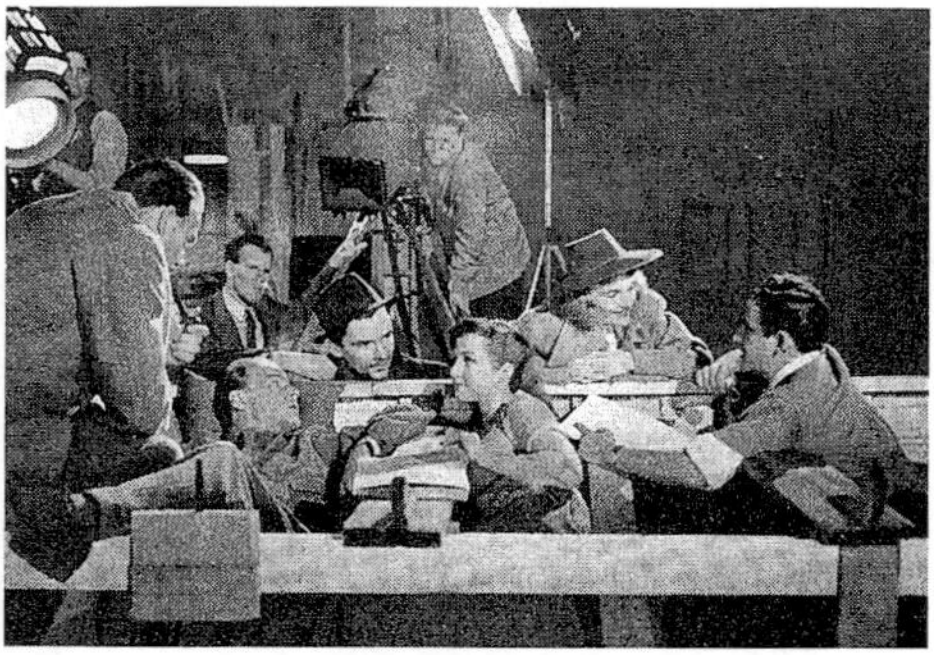
『牢獄』

マルティンはこのことを作家のトーマスに語る。トーマスは自分がインタビューした売春婦ビルギッタがその映画の主人公になれると言う。
以上がプロローグであり、映画の中心部分は、六か月後のビルギッタとその恋人ペーテルの関係、さらにこの二人の間に入ってくる作家トーマスとその妻との争いなどを描いている。それはまさしく地上の地獄である。
最後にポールがマルティンを再びたずね、「神を信じることができるか」と問う。神を信じることができなければ、出口はない、というのがポールの最後のつぶやきである。
『インド行きの船』でベルイマンは極めて形式的なフラッシュバックを使用した（図参照）が、この映画の話法は過去の時間を現在にはさみこむという形をとる。『牢獄』はフラッシュバックの話法を使ってはいないが、実際上は映画の中心をなすビルギッタやトーマスたちの話が、映画スタジオで映画を撮影する現場にはさみこまれたような形になっている。最後のエピローグのところで、ポールに自分の映画のアイディアはどうなったかと聞かれ、マルティンはそれを映画化するのは不可能だと答えるが、ビルギッタの話は実は地獄の映画でもあり、私たちはまさしくポールのアイディアに基づいた映画を今まさに見てきたとも言える。

ここではさみこまれた中心部分は、独立した映画として見ることができるから、これは映画内映画としても機能している。この中でトーマスとビルギッタが、借りた部屋の屋根裏部屋で古い映写機とフィルムを発見し、このフィルムを映して見るところがある。これもまた映画内映画である。この古いフィルムは、ベルイマンがこの作品のために独立して作ったもので、一九〇〇年代のフランスで作られたトリック・フィルムの感じをよく出している。

『牢獄』は、中心となるビルギッタの話の物語という点では、それほど密度の高い劇構成をもっているとはいえず、人物関係の描写も省略が多くて弱いところもあるが、迷宮のような世界の表現は非常に魅力的である。特に警察の捜査官から逃れて偶然地下室に入りこんだビルギッタが、そこで隠れていた少女と出会うところ、さらに『闇の中の音楽』の夢以上にフロイト的かつシュルレアリスム的な夢の場面などは、影を強調した映像によって、現実世界からいつのまにか入ってしまった迷宮のように見える。さらにエピローグで地獄についての映画のアイディアを語ったポールが闇の中から突然姿を現すところも、非常に不気味な効果をもっている。このポールという人物は、

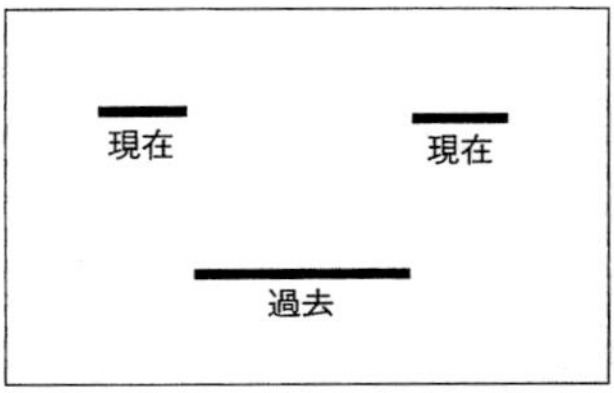

『インド行きの船』の話法

『われらの恋に雨が降る』の〈天使〉のような存在の狂言回しに似て超越的であるが、ここでは〈天使〉ではなく、むしろメフィストフェレスのように、人間たちに神への信仰が本当に必要なのかどうかを問いかけている。

不条理の世界

『牢獄』の迷宮は、この日常世界が出口のない世界であることをたとえている。〈出口なし〉という言葉は最後にポールによってつぶやかれるが、これまでも見てきたように、初期のベルイマン作品では、こうした出口のない閉鎖された状況からの脱出、はるかな世界への逃避こそが、ロマンティシズムの源泉になっていた。しかし『牢獄』では逃避の可能性そのものが見あたらない。ここにはベルイマンのこの時期の作品を彩るロマンティシズムがない。あるのは世界そのものの不条理である。この点から言って、『牢獄』は後の〈神の沈黙三部作〉などにもつながる形而上学的問題を扱った初期作品ともいえるだろう。

不条理という言葉を用いたことからも想像されるように、『牢獄』には部分的にカフカ的な世界がある。ベルイマンは後のインタビューで、この当時カフカを読んでいたかと尋ねられて、読んではいたが表面的にしか理解していなかったと正直に答えている。

一九四〇年代の後半、スウェーデンの知識人たちはカフカを読んでおり、またサルトルの著作も読まれ始めていた。ベルイマンがどの程度意識していたかは別にして、実存主義の思想が当時のスウェーデンに入りこんでいたことは事実である。四〇年代半ばの思想とどの程度連帯していたかという問いに対して、ベルイマンは一九六八年に次のように答えている。

「当時、実存主義が入ってきました。サルトルとカミュです。特にサルトルでした。カミュはもっと後です。洗練された実存主義のようなものとしてそれは来ました。……しかしその内的な政治社会的文脈の大部分に私は与しませんでした。」

『渇望』

『牢獄』にこうしたフランス思想や文芸の影響を認める必要はないが、この作品がいずれにせよ不条理な世界における絶望を描き、ペシミスティックではあっても、ロマンティシズムによって最後には新たな希望の光を見出すこれまでのベルイマンとは違って、神についての答えのない問いによって幕切れになることは事実である。

過去と現在の並列

一九四九年の春に、ベルイマンは『渇望』の撮影に入った。これは女優であり作家でもあるビルギット＝テングロートの短編小説集に基づいて、ヘルベルト＝グレーヴェニウスが脚本を書いた作品である。

珍しく脚色にはベルイマンの名前が入っていないのだが、実際上は当時舞台演出で忙しかったベルイマンが、信頼していた演劇批評家のグレーヴェニウスに脚色の手伝いをしてもらい、それを自分で手直ししたものである。

『渇望』は大きく分けて二つの物語から出来ている。一つはこの映画の骨格を作る話で、結婚して数年を経た二人の男女が、スイスのバーゼルから列車でストックホルムに戻る間の出来事が描かれる。これに挿入される形で、もう一つの話、精神病の治療を受けている女性が偶然昔の女友達に出会い、彼女の家に行くが、彼女は同性愛者であったという話が加えられている。

ベルイマンは当時二番目の妻と別れたばかりであり、『渇望』の中で描かれる倦怠期の夫婦というモチーフには、ベルイマンの個人生活の反映も感じられる。映画の中の妻はかつてバレリーナであった人物だが、ベルイマンの最初と二番目の妻は、二人ともバレリーナであった。

この映画は英語圏では『三つの奇妙な愛』という題名でも知られているように、物語を三つに分けることもできる。右に挙げた二つの物語に加えて、バレリーナの妻の過去の物語がはさみこまれている。これは冒頭のバーゼルのホテル内の場面で、何度も過去に戻るフラッシュバックによって語られる。

実際上は四つの短編小説を組み合わせて作られた物語だが、それぞれが別の話に溶け合っており、全体で二つに分けられた話は登場人物の関係によって交わり合っている。

表現上でいくつか興味深い部分がある。最初の、何度も過去に戻るフラッシュバックは、現在の場所としてのバーゼルのホテルの部屋にいる女主人公の過去であり、彼女の現在の映像に戻ってくる。その繰り返しが、これまでのベルイマン作品のフラッシュバックの始まりにあったようなナレーションを加えることなしに起こっているため、過去と現在の映像がほとんど並列的につながり合っているという印象を受ける。

また二番目の話の中で、級友に同性愛的関係を迫られて逃げるように部屋を出た女性（原作者ビルギット＝テングロートが演じている）が海中に身投げ自殺する場面では、水に落ちたときの音が聞こえ、次に水面に波紋ができるという映像で表現されている。

一九四六年という時代設定を行ったこの映画では、列車がドイツを通過する際、ある駅で飢餓に苦しむ人々が、列車の中の乗客に食べ物を与えてくれるよう求める場面がある。スウェーデンは戦争中は中立国であったが、この国の外側では戦争という恐るべき出来事が進行していた。そして戦争が終わってすら、すぐに平和と安全が到来したのではなく、飢餓が人々を苦しめていた。さらに列車の個室で夫婦が寝ていると、国境警備兵が乗客をチェックするため乗りこんでくる。個人の内面的格闘の外側にも、こうした社会的政治的現実が存在しているのだ。ベルイマンは後にこの内面と外面という問題に戻ることになるが、『渇望』には部分的とはいえ、こうした外側の恐るべき出来事がはっきりと現れている。列車の外に見えるこのような外側の風景は、後に『沈黙』の中にも

『歓喜に向かって』

認めることができる。

芸術とカタルシス

映画作りに関する映画でもあった『牢獄』は、芸術創造を主題としていると見ることも可能であるが、ベルイマンが『渇望』に続いて作った『歓喜に向かって』（一九四九年）もベルイマンが芸術家による創造の問題を扱った作品である。主人公はバイオリニストであり、彼の妻がガス爆発の事故で死亡したという知らせを受け取った後に、自分と妻との過去が長いフラッシュバックで描かれる。最後に現在に戻って、オーケストラがベートーヴェンの第九の最終楽章を演奏する。

フラッシュバックによる長い過去の語りは、形式的には『インド行きの船』の場合と同じであり、現在－過去－現在という構成になっている。また、時間の変化はハープのクロースアップによって誘導され、『渇望』に見られたような、誘導なき突然の変化はここにはない。

ベルイマンはこの作品の中で、芸術創造を人生の歩みとの相互関係でとらえている。ソリストとしては才能を開花させることのできない主人公が、芸術上の困難を抱えて絶望しているときに、周囲の人々から助けられて、自分の芸術家としての役割を自覚してゆく。最後のベートーヴェンの『歓喜へ』（アン・ディ・フロイデ）がカタルシスのような役割をドラマの構成上においても果たしている。

一九四九年の夏に撮影されたこの映画は、翌一九五〇年の二月に封切られた。スウェーデンにおける批評は概して否定的で、ベルイマンのこれまでの映画で最も弱い作品であるとする批評もあった。確かに芸術創造と人生を重ね合わせるという発想が、陳腐であることは言うまでもない。これまでのベルイマンの作品のアクセントにもなっていた、邪悪なものの影もここでは見あたらない。しかし青春期の挫折と再出発という物語上の発想は、初期のベルイマンに特徴的であり、この後このロマンティシズムは『夏の遊び』のような作品で最高度に開花するし、『不良少女モニカ』のような作品では逆にそれが拒絶されてしまう。

初期ベルイマンの特徴

一九四〇年代のベルイマン、言い換えるなら一九四五年から一九四九年までの五年間にベルイマンが監督した映画は、映画というメディアの特性を十分に使いながら、自己の世界を模索していった痕跡としても見ることができる。これまでに何度も指摘したフラッシュバックという技法はその一つである。時間を自由に変化させることのできる映画は、ベルイマンにとっては舞台劇の演出とはまた違った表現の可能性をもつものであった。そこには現在を過去に結びつけることにより、未来へ向かって歩んでゆく若者たちの姿が描かれた。非常に興味深いことに、これまで見てきた作品の主人公たちは、ベルイマンとほぼ同年輩の人物たちである。これをもってして、ベルイマンが一九四〇年代に描いた人物たちは、ベルイマン自身を起点とした、自己告白的な内容をもつものと考えることも可能かもしれない。『愛慾の港』のような女性が主人公の映画も、前に見たように女性というジェンダーを通り越して、人間の内的苦闘を読み取る必要があるのだ。これは一九五〇年代になって、〈女の映画〉を意識的に作ることになるベルイマンの仕事とは、また異なっている。

ベルイマンの映画には、ドイツの一九二〇年代に出現した表現主義映画との親近性があると指摘されることがある。表現主義はリアリズムとは対照的に、主観とか人間の内面を通過したヴィジョンが反映される芸術の一派で、映画において表面的に目立つ特徴としては、変形された舞台装置や光と影の強いコントラストなどが挙げられる。アルフ゠シェーベルイの『もだえ』の映像には、スウェーデンの同時代の表現主義的な特徴がよく反映されている。ベルイマンの作品では『われらの恋に雨が降る』、『インド行きの船』、『牢獄』などにこのような映像の形が認められる。このことはベルイマン自身が映画の古典を当時すでによく研究していたことを示している。

II　夏のよろこび

青春映画の世界

『夏の遊び』　北国の長く厳しい冬は、一九二〇年代のスウェーデン無声映画の古典的作品のいくつかに描かれたように、人間の運命に苛酷な試練を課した。だが、スウェーデン映画では夏も特別な意味を持つ。夏は幸福の時であり、人々を陽気にし開放的にさせる。一九五〇年代に入ってベルイマンの映画は、スウェーデン映画のある部分に存在する、この夏のシンボリズムをとり入れる。

ベルイマンは都会の不良少年たちの生態を描く映画『都会が眠る間』の原案をラーシュ＝エーリック＝チェルグレン監督に提供した後、初期ベルイマンの代表作の一つと数えられている『夏の遊び』を一九五〇年に完成させる。しかしながら興行上の理由で、ベルイマン作品としては次の『そんなことはここでは起こらない』の方が先に封切られ、『夏の遊び』の公開は一九五一年一〇月まで待たれねばならなかった。

『夏の遊び』はベルイマンが一六歳の夏に家族と過ごした島で体験した淡い恋を、彼が大学入学資格試験を終えたあと短い小説として書いたものを原作としている。のちにスヴェンスク・フィルムインドゥストリの脚本部に入ったときに、『もだえ』などとともにこの短編小説を映画用脚本に

しており、『渇望』で脚本の仕事をしたヘルベルト＝グレーヴェニウスの協力を得て、最終的な映画脚本に仕上げられた

映画の構成は、後の『野いちご』を思わせる。すなわち主人公のバレリーナの一日の意識の中に、彼女の過去の記憶がフラッシュバックで挿入されてゆく。さらにベルイマン映画において日記が小道具として使われた最初の作品としても、この映画は興味深い。日記も手紙も、ベルイマンの映画では自己告白や内的独白の手段として使われるようになるからである。

バレエ『白鳥の湖』のリハーサルをひかえたバレリーナのマリーのもとに、かつての恋人ヘンリックの日記が送られてくる。電気設備の事故によってリハーサルが中断されたので、彼女は日記をもってヘンリックとの思い出の場所に向かう。

二人が知り合ったのは一三年前の夏のことであった。二人はサマーハウスで遊び、楽しい夏の日々を過ごした。しかし夏も終わりに近づいたある日、ヘンリックは岩の上から海に飛び込もうとして怪我をし、ついには死んでしまう。

久しく忘れていた記憶を取り戻すことで、現在の恋人との仲を修復すべきであることに気づいたマリーは、バレエのリハーサルを再び開始する。

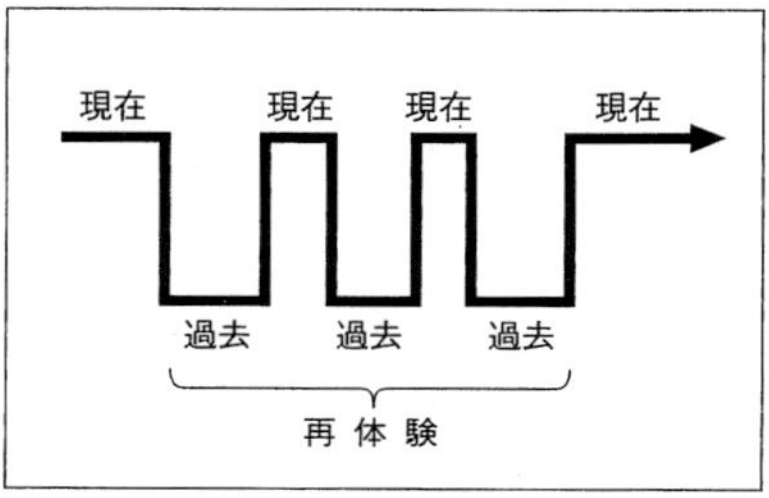

『夏の遊び』のフラッシュバック

物語自体は全くありふれた男女の恋愛話である。しかしベルイマンの諸作品の中にこの作品を位置づけたとき、これの意味は一変する。主人公マリーは三〇歳を目前にとしているバレリーナである。彼女は自分がいつまでもプリマ・バレリーナでいられないことを承知している。そして新聞記者をしている現在の恋人ともあまりうまくいかず、結婚にも踏みきれないでいる。現在の彼女の精神内容を暴いてゆくのが過去の記憶である。過去と現在の内面的な関係がこの映画の中心となっている。これまでのベルイマンの作品では、フラッシュバックは単に線分的な時間を補うものとして機能していたのに対し、『夏の遊び』では主人公の意識にも働きかける。つまりフラッシュバックは物語を語るスタイルであるにとどまらず、主人公が過去を再体験することをも意味している。後の時代に、映画のモダニズムは映画の時間の変容を実現させ、例えば線的な時間とは異なった点的な時間、意識の時間が映画の時間として意味をもつようになる。例えばフランスのアラン＝レネの作品にはそのような時間の概念がある。ベルイマンは一九五〇年という早い時期に、すでにこのような時間性を映画の中で実現させようとしている。『インド行きの船』のフラッシュバックと比較する意味でも、これを図に示しておこう。

女の映画

『夏の遊び』を一九四〇年代のベルイマンの映画と分け隔てるものは、〈女の映画〉の出発点となっていること、そしてベルイマン自身の仮の姿としての主人公ではなく、完全に独立した主体が物語の体験者となっていることだ。恋人ヘンリックの死後、主人公マリーは父親ほども年の離れた男エルランドの愛人となる。その表情からはすでに純真な少女の心は消え失せており、彼女はエルランドに「私は神の存在を信じない。もし存在するなら、私は神を憎む。」と語る。これに対してエルランドは「あらゆる悪魔の創造物が君のところにこないように自分を守りなさい。私が君を守ってあげよう。君自身の周りに壁を築く手伝いをしてあげよう。」と答える。

こうしてマリーはヘンリックの死という忌まわしい記憶を封印してしまう。現在の時間に戻り、この封印を解いてくれるものとして、バレエの舞台監督が最後に登場する。彼はバレエ『コッペリア』のコッペリウスに扮している。コッペリウスは自動人形コッペリアを作った人形師であり、人形を操る人物でもある。バレリーナでもあるマリーの抑圧された記憶を戻し、彼女に不安の要因を指摘してやる精神分析医のような人物として舞台監督を登場させていることは興味深い。苦しみを解くものは、ここでも芸術創造なのである。しかしながら同様のカタルシス的結末をもつ『歓喜に向かって』と比較して、『夏の遊び』は〈女の映画〉として、そして意識の時間を扱っている作品として、ベルイマンの新たな展開を予見している。

スパイ映画など

先に述べたように『夏の遊び』はその後に作られた『そんなことはここでは起こらない』の封切り後に公開された。『そんなことはここでは起こらない』は、ベルイマンが自分の映画の中で最もつまらない作品として挙げている、いわゆる注文仕事で作った作品である。ベルイマンが駄作としていることと、それから東西冷戦期のサスペンスという内容上の問題もあって、この映画はベルイマンの指示で長い間上映を禁じられていた。東西冷戦が終わった一九九〇年代になって、ようやく解禁されてスウェーデン国内で上映されるようになったが、ベルイマンの作品に特徴的な人物や物語スタイルなどは全く見出されない。追跡のドラマとして、アメリカのスパイ映画の模倣であることは明らかである。

一九五〇年代にベルイマンはもう一本、ヘルベルト＝グレーヴェニウスと共同でグスタフ＝モランデル監督のために脚本を書いている。これは『離婚』という作品で、離婚した中年女性の孤独を描いている。『歓喜に向かって』や『夏の遊び』といった同時期の作品の主題にもなっている、不幸や試練を経ての内的平穏と自由への道という物語上の着想にベルイマンのこの頃の関心がうかがえる。

多彩な活動

舞台の方面ではイェーテボルイでの契約が切れた後、一九五〇年の秋からはストックホルムの室内劇場で演出の仕事をし、翌一九五一年には同じくストックホルムの王立劇場とノールチェーピングの市立劇場で仕事をしている。また一九五二年から一九五八年にかけて、ベルイマンの映画が国際的に注目され、彼の名前が決定的に世界の映画芸術の第一線に登場した時期には、南スウェーデンのマルメの市立劇場の主任演出家となった。

〈女の映画〉はベルイマンが自伝的・自己告白的映画から抜け出る方法となり、そのための機会をも与えてくれるものであった。一九五〇年代には、国際的な映画監督としての風格も身につけたベルイマンは、映画による大胆な実験を以前にも増して行い、さらに演劇のレパートリーにはあったが、これまでの映画の中ではあからさまに試みることの無かった喜劇のジャンルにも積極的に進出することとなる。

『女たちの期待』

一九五一年にスウェーデンの映画会社を揺るがす出来事が起こる。それは政府が課する高率の娯楽税に対して抗議した映画スタジオが、ストライキを行って閉鎖されてしまうという出来事である。一九五二年になって、税の一部を映画産業に還元するという政府側の譲歩によってこのストライキは解除されるが、いずれにせよ一八カ月の間ベルイマンは映画作りができない状態にあった。この間、ベルイマンは恋人であったジャーナリストのグン＝グルートと結婚し、また映画館上映用のコマーシャル・フィルムを何本か製作している。

エピソード映画

娯楽税問題が解決した後、一九五二年の春に、ベルイマンは『女たちの期待』の製作を開始した。夏の別荘で夫たちの帰りを待ちながら、妻たちが自分たちの結婚生活のエピソードを語ってゆくというアイディアは、ベルイマンの三番目の妻となったグン＝グルートの発想で、脚本執筆にあたっても彼女の協力を得ている。この映画の特徴はエピソード映画、またはオムニバス映画と言える形式をとっていることで、四人の妻のうちの三人が語る話の内容がそれぞれエピソードとして独立している。またそれらのエピソードが過去の回想として、ベルイマンのこれまでの多くの作品の中にあったフラッシュバックの形をなしている。

夏の別荘でロベリウス家の四人の兄弟と結婚した女たちが、夫たちを待っている。彼女たちは順に、自分たちの過去の出来事を語る。

（第一話）美術評論家のエウイエンと結婚したラケルは、浮気をするが、夫にばれてしまう。夫エウイエンは猟銃をもって小屋に立てこもり、自殺をしようとするが、ロベリウス家の長男パウルの説得で自殺を思いとどまる。

（第二話）マルタはロベリウス家の四男マルティンとパリで知り合う。彼女は妊娠するが、それを知らずに父の死のためマルティンはストックホルムに戻る。後からマルタもストックホルムに戻り、赤ん坊を生む。マルティンはマルタが自分の子供を産んだことを知り、二人は結婚する。

（第三話）ロベリウス家の次男と結婚したカーリンの話。ロベリウス家の事業創設百年祭が祝われた日の夜、カーリンと夫フレドリクはエレベーターの中に閉じ込められてしまう。この事故によって、結婚以来久しぶりに一夜を二人だけで過ごすことになった。

以上でわかるように、四人のうちの一人、アンネッテは、自分の結婚生活は平凡だからと言って、過去を告白するようなことはしない。三人の体験談は、それぞれ三つの夫婦関係のあり方に対応している。ラケルとエウイエンは〈裏切りと衝突〉、マルタとマルティンは〈愛情といたわり〉、そしてカーリンとフレドリクは〈諦め〉という関係になる。それぞれに愛情や結婚生活に対するさめた見方があり、男女の愛の結びつきにロマンティックな視点をもっていた四〇年代のベルイマンの作品との差異がはっきりしている。

新たな形式への試み

一九四六年の九月にベルイマンは自作の戯曲『ラケルと映画館のドアマン』をマルメで上演し、これが彼のプロの演劇の作者としてのデビューになった。『女たちの期待』の第一話は、基本的にはこの戯曲と同じ内容であり、人物名も同一である。だが戯曲の方では悪魔の使者としての誘惑者が、夫と妻を再び結びつけ、最後には運命による偶然の殺人がある。これに対して映画の方はずっと喜劇的であり、夫は自殺を試みようとしても、傷つけられるのは彼のプライドのみである。ベルイマンは『女たちの期待』によって、部分的にではあるが、映画における喜劇のジャンルを試みているのだ。それはとりわけエレベーターの故障で中に二人が閉じこめられる第三話に顕著である。

第三話のエレベーター内のシークエンスは、狭く限定された場所で二人の会話が進行してゆくために、この時期の映画においては異例の〈演劇的〉場面であったに違いない。約一六分間続く、この局所的なシークエンスは、その局所的印象から〈ロング・テイク〉(映像が切れ目なく持続する、カメラの長回し）の手法が使われていると述べる研究者がいるが、実際上は特に〈ロング・テイク〉が使われているわけではない。電気が消えて暗闇になり、再び明かりがつくショットを数えなくても、この一六分間ほどのシークエンスには三〇を超える数のショットがある。

だが狭く限定された空間で二人の会話を続けさせるという、当時の映画ではあまり好まれなかった同一場面の持続は、現代的視点から見ると実験的である。それは第二話にある急速なカッティングと対照的な持続といえる。第二話では病院のベッドに横たわるマルタが白い壁に目を向けると、壁の上の影がパリ時代の思い出の、キャバレーの踊り子の影になり、それが踊り出す。この影はまもなく、本物の踊り子たちになり、場面は過去のパリの映像へと戻ってゆく。ダイナミックなカッティングのこのキャバレー場面、さらにマルタが子供を産む場面に様々な事物の短いショットを挿入するところなどは、第三話の映像とはほとんど正反対のダイナミズムをもっている。

エピソード間で映像のこのような形式に変化を持たせることによって、ベルイマンは映像の新しい形についても模索していることがよくわかるだろう。一九五〇年代の初めは、世界の映画芸術の傾向が、依然として古典的な映画の形式を求めていたのである。そうした時期にベルイマンは、映像の新しい形を独自に生み出しつつあった。

怒れる若者たち

『女たちの期待』で大人たちの話を聞いていたマルタの妹マイは、最後に大人の世界のいやらしさに絶望し、恋人に自分をどこかに連れていくように求める。若い二人はモーターボートに乗って、打算的な大人の世界から逃げてゆく。ベルイマンが次に発表した作品『不良少女モニカ』はいわば、この『女たちの期待』の最後にある若者の行動を発展させたものである。

以前ベルイマンが都会の若者の非行を描いた『都会が眠る間』の原案を書いた時、それの脚色の仕事をしたペール＝アンデルシュ＝フォーゲルストレームと共同で、ベルイマンは『不良少女モニカ』の脚本を書いた。これはフォーゲルストレーム自身が書いた小説に基づいている。略筋は次の

『不良少女モニカ』

ようなものである。

ストックホルムの下町で陶器の配達をしているハリーが、ある時モニカという一七歳の少女と知り合う。彼女は劣悪な家庭環境のもとで生活している。ハリーは陶器の店で年長者たちからばかにされている。家出したモニカはハリーとともに町を離れ、モーターボートに乗って、島で二人だけの生活を送ることにする。だが幸せはいつまでも続かず、食べ物がなくなるとモニカは民家に盗みに入る。ハリーが同じ行動をとらなかったため、二人は喧嘩する。ストックホルムに戻った二人は結婚し、モニカは赤ん坊を生み、ハリーは真面目に働き出すが、モニカはそんな生活に耐えることができず、ハリーのもとを去る。

低予算で撮影された映画であるために、即興的とも見えるような映像が野外場面で多く見られるが、それが『不良少女モニカ』の映像を新鮮なものにし、魅力を与えている。そしてこの即興的にも見える映像こそが、照明や画面構成などをしっかりと決定した古典的な映画作りとは異なる形式になり、後に一九五〇年代の終わり頃からフランスに登場するヌーヴェル・ヴァーグ（新しい波）と呼ばれる作品群の先駆けともなった。

例えばこの映画の野外場面で、逆光線でとらえられた映像がある。もちろん逆光線の撮影は、かつて無声映画の時代にイタリア映画などで、美的効果のために好んで用いられていた。しかし『不良少女モニカ』では、それがあたかもアマチュア映画的に使われており、しかしそのアマチュアのような技術が、かえってリアリティーを感じさせるという効果をもたらしている。

若者の大人や社会や既成の価値観に対する反逆という主題も、古典的な映画作りとは違った技術上の特徴とともに、当時この映画を見た若いフランスの映画青年たちを刺激した。その中の一人フランソワ＝トリュフォーは、後に長編映画デビュー作『大人は判ってくれない』（一九五九年）の中の一場面で、『不良少女モニカ』のスチール写真を主人公に盗ませることによって、ベルイマンのこの映画に敬意を表している。

社会と楽園

ベルイマンはこの一〇代の若者の行動を描いた作品によって、完全に自分の世代を描くという従来のやり方を断ち切った。そしてこの作品によって、自分の思想の核

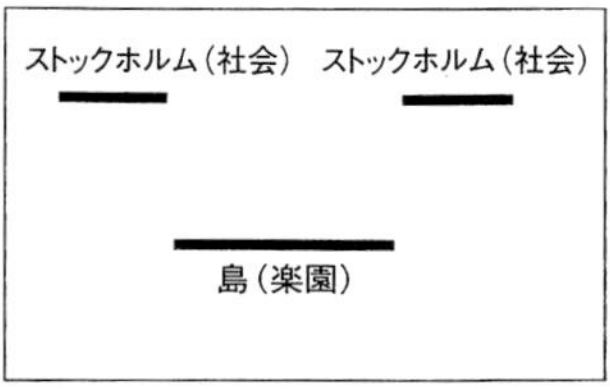

『不良少女モニカ』の空間軸

となる形を築くことになった。

ベルイマンの思想の中心は、ある特定の場所において形成される。それは他の世界から隔離され孤立した場所であり、通常その場所は、ごく限られた数の人々によって形成されたコミュニティをもつ。それは〈社会〉としての他の世界とは切り離されたコミュニティであって、多くの場合、海によって囲まれている。

『不良少女モニカ』において、ハリーとモニカは自分たちの幸福を実現してくれるであろう場所を求めてモーターボートに乗り、島に到着する。この島は〈社会〉が要求する義務や規範をもたない場所であり、自分たちの思うとおりの行動ができる場所でもある。だから本能も社会的な抑圧によって押し殺される場所ではなく、解放や自由を保障する。だが同時に、だからこそエゴイズムが露わとなり、社会的には隠されている欲望が第一に現れる場所でもある。

ハリーとモニカはこの〈楽園〉でアダムとイヴになる。最初は二人だけの幸福な時間をもつ。しかし旧約聖書の創世記においてイヴがサタンに誘惑されてしまったように、悪の兆候を示し始めるのはモニカの方である。諍いが始まる。二人はエゴイズムをまるだしにする。この場所には自我や欲望にブレーキをかけるものはなにもないのだ。それは〈社会〉ではなく、楽園だからである。

楽園追放された後の二人には、〈社会〉という厳しい現実が待っている。ハリーは真面目に働き出すが、モニカはますますその本性にある邪悪なもの、サタンに誘惑されたイヴの中にある邪悪なものを示し始める。モニカが私達の前に現れる最後のショットは強烈である。彼女はその眼差しをしっかりと、映画の観客である私たちに向ける。ベルイマンはここで、通常の映画作りでは禁止されている、登場人物の視線をカメラのレンズと交わらせてしまうということをあえて行った。この凍りつくように止まってしまう一瞬の映像の中の、モニカの邪悪な目の表情によって、ベルイマンは自らの〈女の映画〉の中の最も深い謎を作りあげている。それは、女の中にあるサタンに誘惑された部分、すなわち邪悪なものの謎である。

『不良少女モニカ』はフラッシュバックを用いてはいないが、場所の移動によって、これまではフラッシュバックという時間軸の移動で実現されていた物語展開の形を、空間軸に変えていった。結果としてそれは、図を見ても分かるとおり、フラッシュバックを使うのと同様の形をもっている。

人生の希望と絶望

『道化師の夜』

『不良少女モニカ』は夏を島で過ごす若者の行動をリアルに描き、古典的な映画撮影の枠にとらわれない自由なスタイルを用いていた。これに対して次のベルイマンの映画『道化師の夜』（一九五三年）はずっと芝居じみており、映像様式の上でもバロックと自然主義と表現主義を折衷したような、不思議な形をもっており、それがかなり奇怪な雰囲気を作りあげている。

一九世紀の終わりから二〇世紀の初め頃、すなわち世紀の変わり目の頃を舞台としたこの映画は、ベルイマンの映画としては初めてのコスチューム物、現代を舞台としていない映画となっている。

旅回りのサーカス一座がある町にやってくる。破産寸前のこの一座の団長アルベルトは自分の妻子をこの町に残して長い旅に出ていたのだ。サーカスを解散して妻子とこの町に住むというアルベルトの希望は、久しぶりに会った妻の拒絶によって打ちくだかれる。また、愛人を舞台俳優に誘惑された彼は、自分の無力を感じる。ピストル自殺をしようとしても、ピストルすら自分の思うようにすることができない。一座は町を離れ、新たな公演先を求めて旅が再び始まる。

『道化師の夜』は一つには屈辱に関する映画である。ベルイマンはインタビューの中で、自分の子供時代の感情の中で最も強かったものの一つが屈辱感であったと述べている。言葉による屈辱、行為による屈辱などが彼の子供時代の心の傷として残った。『道化師の夜』ではサーカス一座の団長アルベルトや同じ一座の道化師フロストが、他者の言葉や行為によって大いなる屈辱感を味わう。

ベルイマンの子供時代には、牧師である父によって彼の罪は罰せられたが、その際に自分の罪は神に対して告白された。この時権威者である父は神と同じ座を占めて、少年時代のベルイマンに責めの言葉を浴びせた。こうして屈辱感を与えるものは、ベルイマンにとっては、キリスト教そのもののシステムでもあったのである。

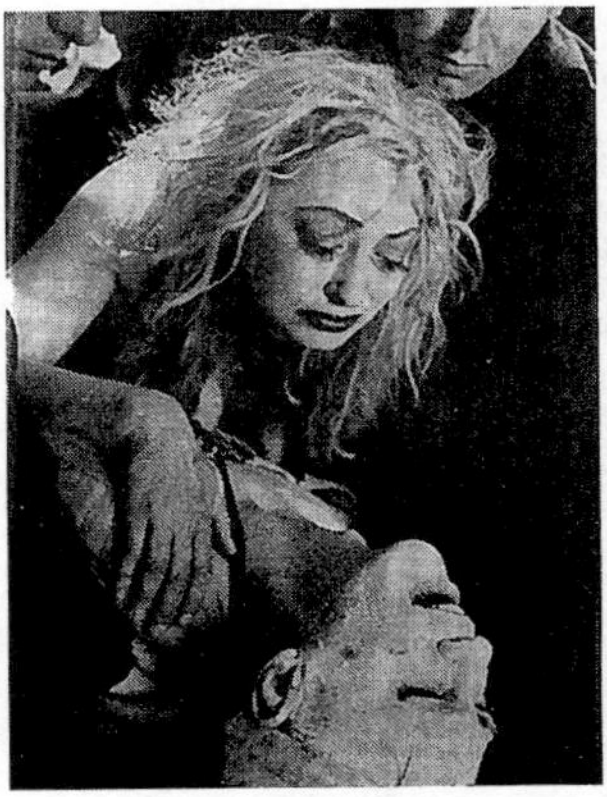

『道化師の夜』

しかし少なくとも『道化師の夜』に関する限り、キリスト教や権威者が責めるという発想はない。『不良少女モニカ』には楽園追放のモチーフがあったが、『道化師の夜』は二人の男が滑稽なまでに打ちのめされる姿が描かれるだけである。

無声映画の魔力

『道化師の夜』について、もう一つだけ指摘しなければならないのは、この芝居じみた劇の映像の、非常に独特な映画性についてである。サーカス団の生活を描いた映画の古典的作品の中にドイツ映画『ヴァリエテ』（一九二五年）があり、主人公の男性の体つきなども含めて、『道化師の夜』について語られるときにこのドイツの無声映画に言及されることがある。ベルイマンはこれ以前から小型映画などで販売されていた古典映画のフィルムを収集して、映画の技法をよく研究していた。『ヴァリエテ』も九・五ミリ・フィルムで、四巻に短縮されたプリントを彼はもっていた。しかしベルイマン自身が自分の映画について語った本『映像』の中で、彼ははっきりと『道化師の夜』は全く『ヴァリエテ』から影響を受けていないと断言している。

しかしベルイマンは『道化師の夜』の中で無声映画の模倣シークエンスを作っていることは事実である。道化師フロストと妻アルマの過去の一場面がフラッシュバックで語られシークエンスである。この部分は特定の無声映画から模倣したものではないが、ベルイマンの古い映画フィルムに対する愛情が表れている。かつて『牢獄』で再現された無声映画、『夏の遊び』の一場面でのアニメーション映画などとともに、ベルイマンの映画マニア的な面の一例がここにある。

大人のための喜劇

『道化師の夜』はスヴェンスク・フィルムインドゥストリでは拒否されたため、別の映画会社サンドレウでの製作となった。しかし次の作品『愛のレッスン』はサンドレウの首脳陣が休暇に入っていたために、脚本は戻されてしまった。そのためスヴェンスク・フィルムインドゥストリのデュムリングにこの脚本を見せたところ、彼はこれを大変気に入った。『愛のレッスン』の撮影は一九五三年七月三〇日に始まり、九月に終了した。

前年に作った『女たちの期待』で部分的に着手した喜劇ジャンルが、『愛のレッスン』では全面的なものとなった。『女たちの期待』の第三話で喜劇的な演技を見せたエヴァ＝ダールベックとグンナール＝ビョルンストランドの二人が、ここでも夫婦を演じている。

婦人科の医師ダーヴィッド＝エルネマンは妻マリアンヌと結婚して一六年になる。彼は医院にやってきたスサンヌを愛人にする。妻マリアンヌは彼女の以前の婚約者でもあった彫刻家に会いにコペンハーゲンに向かう。スサンヌと別れ妻との関係を修復しようと考えているダーヴィッドは妻の乗る列車に同乗する。コペンハーゲンのナイトクラブで乱闘を演じた後、二人はホテルに入って〈愛のレッスン〉に励む。

『女たちの期待』の第三話におけるエレヴェーターの閉ざされた中で展開するエヴァ＝ダールベ

ックとグンナール＝ビョルンストランドの軽妙な会話が、『愛のレッスン』では列車のコンパートメントの中で繰りひろげられる。列車それ自体の中では、物語を展開するような出来事は何も起こらない。よって列車は、登場人物の過去をフラッシュバックによって語るための、長々と持続する現在の時間の流れを支える場にすぎないと言ってもよい。

実際、この映画の大部分はフラッシュバックの語る過去によって占められており、しかもそれらが年代順に語られるのではなく、語る主体がダーヴィッドの場合と、妻のマリアンヌの場合にも分けられる。かつて『渇望』でも大胆なフラッシュバックの挿入をしたベルイマンであったが、『愛のレッスン』はほとんどフラッシュバックのための映画といってよいほど、過去の出来事に語らせる。

『愛のレッスン』

映画の全体は軽喜劇であり、ベルイマン自身も非常に気軽にこの映画を作ったようであるが、それでもベルイマン的主題がここに決してないのではない。この映画は各世代の生きることへの意味について語っている。ダーヴィッドと妻マリアンヌの娘ニクスは、そろそろ思春期を迎える年齢となり、自分が子供でなくなることへの恐れを抱いている。さらにまもなく訪れるであろう性の問題についても彼女は恐れている。これまでの多くのベルイマンの映画においては、思春期の男女の恋愛が描かれてきたが、この映画におけるニクスという娘は、ベルイマンが初めて扱った、その手前の世代である。ニクスを演ずるのは『不良少女モニカ』のハリエット＝アンデルションで当時彼女は私生活ではベルイマンと愛人関係にあった。そのためにベルイマンとグン＝グルートの結婚生活は破綻をきたしており、『愛のレッスン』の妻マリアンヌは、まさしく当時のグン＝グルートの状況を反映したものであった。

思春期を迎えようとする少女が性に対して恐れを抱くとすれば、結婚生活を長く続けた夫婦は倦怠期に入るわけで、ダーヴィッドとマリアンヌの関係は、まさしくマンネリ化した性に悩む中年の危機を描くものである。

そしてこの映画の中でダーヴィッドの親によって表されているように、結婚生活を長く続け、様々な困難を克服してきた老人の生活には、それに見合った豊かさが与えられるのである。

しかしこれらは、喜劇のシチュエーションを作るための、ありふれた世代間の差であるにすぎない。やはりベルイマンの焦点は、ハリエット＝アンデルション扮するニクスにあてられる。それは彼女を通して見られた年長者たちの姿によって描写される、死に向かうことの悲劇的な意味への問いである。最後のフラッシュバックの中で、ニクスは祖父に死について尋ねる。だが祖父は死を新たな生の条件であると考えている。『愛のレッスン』のような軽喜劇の中で、死は特に正面から取りあげられてはいないが、愛と性とともに、人が生きるということの中に結局含まれざるを得ない死について、ベルイマンは問うことを決して避けていない。

『女たちの夢』

サンドレウで作った『道化師の夜』は、批評家からの評価は高かったものの、興行的には大失敗であった。これに対してスヴェンスク・フィルムインドゥストリで作った『愛のレッスン』は興行的に成功し、社長のデュムリングはベルイマンに喜劇的映画をもっと作るべきであると勧めた。こうして『道化師の夜』の損失を埋め合わせるべくサンドレウで次に作る作品は、『女たちの期待』と同じようなスタイルをもった喜劇ということになった。ベルイマンの次の作品『女たちの夢』はこうした方針をもって、一九五四年の六月から八月にかけて製作されたが、実際に出来上がった作品には、ほとんど喜劇的な場面が表れず、興行的にも再び失敗となった。

女流写真家スサンヌがストックホルムのスタジオで、フォト・モデルのドーリスの撮影をしている。ドーリスにはパッレという婚約者があるが、二人は口論をしてしまう。スサンヌとドーリスはイェーテボルイで撮影を行うため、夜行列車に乗る。列車の中でスサンヌは飛び降り自殺をしようとするが、思いとどまる。

イェーテボルイにつき、スサンヌは妻子あるかつての恋人ヘンリクに会う。しかし彼は仕事に失敗し、すべてに対して臆病になっている。二人の密会するホテルに彼の妻がやってきて、結局ヘンリクは妻のもとに戻る。

ドーリスは高級洋品店の前で大金持ちの老人オットーに声をかけられ、服や首飾りを買ってもらう。彼の家に行ったドーリスは、彼の妻が二三年間も精神病院に入院中であることを知る。オットーの一人娘が、父親に金の無心にやってくる。ドーリスは買ってもらった服などをそのまま置いて、オットーの屋敷を出る。

ストックホルムのスタジオに戻った二人は、再び前のように撮影を開始する。

『女たちの夢』にはフラッシュバックがない。物語は現実の時間の経過に従って進行する。しかし『不良少女モニカ』がそうであったように、場所による物語の枠構成がなされている。それはストックホルムの写真スタジオ――イェーテボルイ――ストックホルムの写真スタジオという枠構成であり、『不良少女モニカ』でモニカとハリーが移動してたどり着く島にあたるのが、『女たちの夢』ではイェーテボルイである。

ベルイマンはこの作品の中でいくつかの実験を行っているが、特に目立つのが冒頭部分である。

この映画は開始から数分間、全くセリフが無い。無言の人々の動きが効果音だけで進行する。また、写真撮影の様子を見ている社長がテーブルの表面を指で打ちたたく音が間けつ的に聞こえ、それが写真家スサンネの神経に不快に響く様子が、短いショットの積み重ねで示される。

次に、同様に短いショットの神経症的な感覚は、夜行列車の通路に立つスサンヌが、走る列車のドアを開けて、飛び降り自殺しそうになる場面にも見られる。ここでは彼女の内面の中だけに聞こえる「スサンヌ！」と彼女を呼ぶ男の声（おそらくヘンリクの声）が発せられた後、彼女は列車のドアの開閉の文字を見る。ここでショットは連続的に〈開〉と〈閉〉の文字、ドアから落下する危険が描かれた絵を短く交互に示す。

これまでに見てきたように、ベルイマンは一作ごとに、映画の特性を生かした実験を作品の中に組み入れており、それが舞台演出家であるベルイマンの映画というメディアに対する姿勢をはっきりと表している。

『女たちの夢』はベルイマンの〈女の映画〉の系列に属する作品である。ここでは二人の女性の体験が語られる。イェーテボルイという場所に移動することによって、彼女たちの夢が実現され、そして裏切られる。写真家スサンヌの夢は、何か月も会っていない恋人に会うことである。だがやっと会えた彼は、今や人生に疲れた人間になってしまっている。彼はスサンヌに、ほとんど母親のようなイメージを持っている。ここでは男は弱く、女は逞しい。

一方ドーリスの夢は、美しい衣服で着飾り、高級な自動車を乗り回し、豪華で贅沢な暮らしをすることである。オットーという老人がそれを実現させてくれた。しかし彼は結局は疲れた老人にすぎない。

二人の女の夢は、検閲者によって壊される。スサンヌの場合はヘンリクの妻、そしてドーリスの場合は老人の娘である。『不良少女モニカ』の島と同じように、『女たちの夢』のイェーテボルイは願望の実現とその挫折を遂行させる場所である。

白夜の軽喜劇

ベルイマン論を書いたイギリスの映画批評家ピーター＝カウイは、『女たちの夢』をベルイマンの青春期の最後の映画であると同時に、彼の中年期の最初の映画として見られる、と述べている。『女たちの夢』の撮影中に、ベルイマンは三六歳の誕生日を迎えた。年齢的にはカウイの述べることも決して的はずれではないだろう。ベルイマンの次の映画は『夏の夜は三たび微笑む』だが、この作品を彼の新たな段階の始まりとして位置づけるかどうかが問題となる。

〈初期ベルイマン〉という表現が許されるなら、一体それをどの作品までにするかという問題でもある。もちろんこうした問いは、結局恣意的な時期区分によって終わってしまうことが多い。私達の場合もそうであるかもしれないが、しかし『第七の封印』のもつ大きな意味を考えると、それより一本前の『夏の夜は三たび微笑む』はやはり〈初期ベルイマン〉の中に含まれるのではないかと考える。
『夏の夜は三たび微笑む』は、『道化師の夜』とほぼ同じくらいの時代背景をもつ。よってベルイマンとしては、二本目のコスチュームもの映画と言ってよい。

『夏の夜は三たび微笑む』

弁護士フレドリク＝エーゲルマンには自分の娘と言ってもよいほど年の離れた若い妻アンネがいる。彼は劇場の舞台に立っている以前の愛人デジレーのもとを訪れるが、そこでデジレーの現在の愛人マルコム伯爵と出くわす。
デジレーの母親の屋敷でパーティーが開かれることになる。ここでフレドリクとその前妻の間にできた息子ヘンリクは、自分より年若い、自分の義理の母であるアンネに惹かれ、二人は駆け落ちしてしまう。絶望したフレドリクは、マルコム伯爵とのロシアン・ルーレットによる対決に挑み、自分をピストルで撃ってしまう。しかしピストルには弾丸の代わりにすすが詰めこまれていた。マルコム伯爵は妻との愛を取り戻し、フレドリクはデジレーのもとへ行き、女中は馬丁と結ばれる。

デュムリングの主張通りに、ベルイマンはスヴェンスク・フィルムインドゥストリで喜劇を作った。もともとは父の二番目の妻に恋をする青年に関する深刻な現代劇としてベルイマンが考えていた素材であったが、前作『女たちの夢』をサンドレウで製作しているときにこの素材は練り直されて、『女たちの夢』に登場するエヴァ＝ダールベックとグンナール＝ビョルンストランドの役柄――働く女性と社会的地位の高い年輩者――が作りあげられた。

たわむれと人間関係

『夏の夜は三たび微笑む』の劇としての基本的な形は三つの不釣り合いな男女の組を釣り合いのとれた組に作り直す、というものである。まず第一に、弁護士フレドリクとその若妻アンネの組であるが、この年の離れたカップルは、前作『女たちの夢』の中のドーリスとオットーの関係を思わせる。アンネはフレドリクが孤独に見えたから、同情で彼と結婚した。そして彼女は同情心から愛が育ってくると考えている。彼女の中に本当の愛が生まれるまで、フレドリクはこの妻と性的関係をもたないことになっている。

第二番目としては、デジレーと、マルコム伯爵の組である。デジレーは伯爵の愛人をゲームのように楽しみ、伯爵は勝利の獲得物のような対象としてデジレーをみなしている。

そして第三の組はフレドリクの家の女中ペトラと息子ヘンリクである。二人は愛人関係ではないが、ペトラはわざと自分の肉体を誇示してヘンリクをからかう。しかし少しでもヘンリクが変な気を見せると、彼をあしらってしまう。神学を学んでいるヘンリクは誘惑を克服しようと苦しむが、苦しみは彼の気持ちをふさぎこませるだけである。

これら三つの組に揺さぶりをかけて、釣り合った組にするという経過に、この映画の様々な喜劇的要素がからんでくる。

『夏の夜は三たび微笑む』の劇的な仕組みは、こうしたことからも理解されるように、かなり演劇的である。ここにはフラッシュバックも場所の移動による枠構成もない。目新しい映像の実験も特に見あたらない。しかし世紀の変わり目の頃の、スウェーデンの白夜を背景にして、上流階級の人々のたわむれが実に見事に描かれている。おそらくこれまでのベルイマンの映画の中で、演劇人としての彼の資質が最も顕著に発揮されている作品であると思う。

『道化師の夜』では、田舎町が舞台になっていた。しかし今度は時代の先端を行く写真や自動車といった風俗が、劇の中に参加している。また『道化師の夜』の奇怪な映像の混合とは異なり、『夏の夜は三たび微笑む』では、白鳥がいる池や静かな草地などが、グンナール＝フィシェルによる絵画的な撮影によって実に美しくとらえられている。

『最後のカップルは外へ』

ベルイマンが『夏の夜は三たび微笑む』の撮影を行っていたのとほぼ同じ時期に、ベルイマンの書いた脚本がアルフ＝シェーベルイによって映画化されていた。これは初め『子供たちのために』と題されており、一九五〇年代の初めにベルイマンが書き、スヴェンスク・フィルムインドゥストリが買ったままになっていたものである。映画化されて、題名は『最後のカップルは外へ』に変更された。

土曜の授業を終えて家に戻ったボー＝ダーリンは、父と母が口論しているのを目撃する。母にはエルンスト＝ファレルという医師をしている愛人がおり、今まさに彼女は家を飛び出そうとしているところであった。ボーはその後祖母の住むアパートに行くが、その同じアパートに偶然、母の愛人エルンストの住んでいることを知る。

その夜ボーはオペラを見に行くが、途中で席を立ち同級生アニータの家のパーティーに行く。パーティーが始まりしばらくすると、女友達のシャーステインが来る。彼女はボーを連れて自分の家に戻る。ボーとシャーステインが二人だけで家にいるとき、突然シャーステインの母親が入ってきて、彼女が男と二人だけでいることを責める。

ボーはアニータのパーティーに戻る。二人は酔った友人クラエスを車で送る。月曜日に再び学校が始まる。

『もだえ』以来の、ベルイマン脚本、シェーベルイ監督の作品で、『もだえ』同様、高校生の心の葛藤を描いている。冒頭場面で、教師が教室に入ってくるまでダンスを踊って騒いでいる生徒たちの姿が見せられる。教師が授業を始めても、生徒たちはふざけて、真面目に授業を受けない。『もだえ』に出てくるギムナジウムの描写と、これは正反対である。戦後数年にして、学校や教師の権威は地に堕ちてしまった。ジルバを踊る若者たちにとっては、戦前からの古い価値や権威は何の意味ももたない。

同様に父親の権威も失墜してしまっている。主人公ボーの父親によってそれは描かれる。妻の不貞に対して、彼はもはや何をなすすべもない。弱さをこのように露呈する父であっても、彼は最後まで自らの威厳を保ち続けようとする。ボーの両親の描写にベルイマン自身の両親の姿を投影することは可能であろう。

『最後のカップルは外へ』はシェーベルイの作品ではあるが、この映画のタイトル・バックには〈イングマール＝ベルイマンによって語られた、両親の離婚に関するボー＝ダーリンの記録より〉と書かれている。そしてボー＝ダーリンの日記が置かれている。日記は個人宛の手紙と同様、後のベルイマンにとって、登場人物の内面を探り、自己告白のきっかけを作ってくれる重要な道具となる。『最後のカップルは外へ』には、特にモノローグ（独白）がないが、青年の苦悩を描く出発点にベルイマンが日記を使っていることは注目される。またこの脚本が同様に日記を映画の中で使った『夏の遊び』と同じ頃に書かれたことも指摘しておく。

スウェーデン映画と〈夏〉の主題

一九五〇年代に入って、『夏の夜は三たび微笑む』くらいまでの映画は、一面では〈幸福〉についての映画としてとらえることができるかもしれない。そして幸福は、前にも述べたようにスウェーデン映画では夏という季節の中で描かれることが多い。

わが国でもよく知られている一九五〇年代のスウェーデン映画の一本に『春のもだえ』(一九五一年)というアルネ＝マットソン監督の作品がある。この日本題名についている〈春〉は、おそらく青春を表す〈春〉であって、季節の春ではない。実際この映画はスウェーデンの夏を背景とし、もともとの原題も『彼女はある夏に踊った』という。この映画ではスウェーデンの短い夏の間に生じたロマンスとその悲惨な結末が、ベルイマンの好んで使う長いフラッシュバックの様式の中で語られる。

あるいは六〇年代の初めに反ベルイマン映画という思想を掲げて映画界にデビューしたボー＝ヴィーデルベルイ監督の『みじかくも美しく燃え』(原題『エルヴィラ・マディガン』一九六七年)の中でも、夏は幸福の時を作るものとして描かれていた。

私たちがこれまでに見てきた五〇年代のベルイマンの映画では、『夏の遊び』、『不良少女モニカ』、

『夏の夜は三たび微笑む』に夏という季節のもつシンボリックな意味がこめられている。(『不良少女モニカ』も原題は『モニカの夏』で、これら三本の題名すべてに〈夏〉という言葉が入っている。)

しかし夏は確実に終わる。スウェーデンの短い夏と同様に、ベルイマンの映画における幸福は束の間のものだ。四〇年代のベルイマンが映画によって自己告白的な表現を行いながらも、最後には将来に向かって新たな歩みを始める登場人物を描いていたとするなら、五〇年代に入ってシンボリックな夏を導入したベルイマンは、確実に過ぎゆく至福の時のよろこびを中心に据えたと言うことができるかもしれない。

このことは、特に題名に〈夏〉を用いていないこの時期の作品にもあてはまる。『女たちの期待』は過ぎていった人生の冒険を、現在の醒めた結婚生活の日常からもう一度見つめ直している。『道化師の夜』のサーカス一座の団長は、家族とともに暮らすというささやかな幸せを夢みるが、現実の中でその夢は見事に消えてしまう。彼は自分の現実を受け入れることによって、さらなる人生の旅へと進んでゆく。『愛のレッスン』は、過去の幸福を取り戻すことが主題となる。

一九五〇年代前半のベルイマン作品

言い換えるなら、五〇年代に入ってベルイマンの映画は、過去と現在という時間的な対照を背景として、現在の幸福を模策する人々を描いていると考えられる。四〇年代には、将来の幸福、あるいは少なくとも将来への意欲が暗示されていた。しかし五〇年代に入ると現在ということが重要になる。これはベルイマン自身の青春期のロマンティシズムが変容した、ということを意味するのだろう。

『夏の遊び』の主人公は、現在の仕事——バレエという芸術——に生きる希望を見出すが、『女たちの期待』の大人たちにとっては、愛や冒険は青春期に過ぎてしまったものにすぎない。『不良少女モニカ』ではロマンティシズムそのものがモニカの中の邪悪さによって退けられる。『道化師の夜』でも、夢は夢に過ぎず、結局目の前にあるのは現実に過ぎない。『女たちの夢』では、一時的な夢をみた二人の女が、最後には現実に戻って、これまで通りの仕事を再開する。

夏は至福の時を与えてくれる。それは過ぎ去ってしまい、人々に残されるものは冷酷な現実であるかもしれないが、それでも人は人生の中で美しい瞬間をもった幸せを感じるに違いない。希望と失望、そして絶望。あるいは絶望の後には、再び希望の光が見えるかもしれない。しかし注意せねばならないことだが、人生におけるそうした浮き沈みは、これまであまりにも多くの文芸の中で語られてきた。ベルイマンは、そうした文芸上の人生論を繰り返しているのだろうか。

こうした単純な見方は全く誤っている。映画は人生論の説教を聞くような場所ではない。私達はベルイマンの作品が、映画としていかに独創性をもち、いかに美的な体験を与えてくれるかを見なければならない。

ベルイマンの〈思想〉を考えるときに、五〇年代の初めから半ばまでの彼の映画は、確かに幸福論として読み取れるのだが、そこには生を肯定的にとらえようとする彼の〈思想〉が認められる。個人の意識が映画の語りの枠組みを作り、自在に現在の中に過去の映像が入りこんでくる。『夏の遊び』や『愛のレッスン』がその例である。

生の肯定は性の肯定にもつながる。『不良少女モニカ』における女性の肉体の官能的な表現はその表れである。また『愛のレッスン』や『夏の夜は三たび微笑む』のような喜劇においては、エロティシズムが喜劇的な口実の中で決定的な主役の地位をもつ。ベルイマンにおける〈幸福〉の主題は、短い夏の美しく静かな風景の下、エロティックな暗示やあるいはモニカの裸体のようなより直接的な映像のエロティシズムの開示などによって、生きることにおける性の役割の重要性を決して隠しはしない。

III　光と影の形而上学

国際的名声へ

『木板の絵』　一九五五年三月、マルメの市立劇場でベルイマンは自作の一幕劇『木板の絵』を上演した。これは前年に書いた同名のラジオ劇を舞台化したもので、善や悪が擬人化された一六世紀以来の〈道徳劇〉の範疇に属する劇であった。

十字軍の遠征から戻る途中、騎士とその従者ヨンスは、田舎では疫病が蔓延しているということを、出会った少女から聞かされる。彼らは次に、火あぶりにされた魔女の幽霊に出会う。この幽霊が自分の処刑のことを語っている間、役者と駆け落ちした妻を探している金属細工師がやってくる。彼は妻と役者が木の陰にいるのを見つける。役者は金属細工師の怒りをそらすため、自殺するふりをする。騎士、従者、金属細工師とその妻が去った後、十字軍の騎士を迎えた少女が復活した死体の前に現れ、自分が死神の召使いであることを示す。彼女は役者を死神のところに連れてゆく。騎士の一行には、疫病に冒された森から子供を連れて逃げようとしている若い女マリアが加わる。一行は騎士の城にたどり着き、騎士の妻カーリンに迎えられる。彼女は威厳のある貴族（死神）が居合わせていることを告げ、それぞれ鎖のように手をつなぐようにというこの人物の指示を伝える。役者はリュートを奏で、その音楽に合わせて全員は死の舞踏を踊って幕となる。

この劇はベルイマン自身の子供の頃の体験に基づいて書かれている。彼は牧師であった父エーリックがストックホルム近郊の田舎の教会に出向いて説教をするときなど、時々父について行った。父が説教壇に立って説教をしている間、イングマール少年は教会内部の壁や天井の彫刻や中世絵画の奇妙な植物の上で震えている、色の付いた太陽の光などに見入っていた。そこには天使や聖者や竜や予言者や悪魔や人間などが描かれていた。

ベルイマンが記憶しているそうした図像の中に、森の中で死神が座って十字軍の騎士とチェスをしているというものがあった。一人の裸の男が目を見開いて木の枝にしがみついているが、その下の方では死神が満足げに鋸をひいて木を切っている。なだらかな丘の上を横切って、死神は黄泉の国へと向かう最後の踊りを踊る人々を導いていた。しかし別の丸天井には、よちよち歩きの御子の手をとりながら薔薇の園を歩く聖母の絵があった。

『第七の封印』

一幕劇『木板の絵』は初め、マルメの演劇学校の学生の練習用に書かれた戯曲であったが、前に述べたようにこれはラジオ劇として放送され、さらに市立劇場で公演された。ベルイマンはこれを映画にするべく、胃病でストックホルムのカロリンスカ病院に入院している間に映画台本に仕上げた。台本はスヴェンスク・フィルムインドゥストリに渡されたが、すぐに却下された。しかし『夏の夜は三たび微笑む』が大ヒットし、カンヌ映画祭でも賞を取ると、

『第七の封印』

スヴェンスク・フィルムインドゥストリのデュムリング社長の態度は急に変わった。ベルイマンは最小限の予算と三五日間の撮影という条件を受け入れて、『木板の絵』の映画化である『第七の封印』の製作に取りかかった。『第七の封印』の内容は『木板の絵』と大体同じであるが、旅役者のヨフとミア（そして二人の幼子ミカエル）という重要な登場人物が新たにつけ加えられている。

十字軍の遠征から戻ってきた騎士アントニウス＝ブロックは海辺で死神と出会う。アントニウスは自分の死の時を遅らせるために、死神が好むというチェスの勝負を申し出る。騎士アントニウスは従者ヨンスとともに、疫病によって荒れた場所を通りながら、自分の館へと向かっていく。その過程で彼らはヨフとミアという旅役者や火刑に処せられることになった女などと出会う。アントニウスたちの行くところどこにでも、死神は姿を現す。ヨフとミアの夫婦が去った後、一行はアントニウスの館に到着し、騎士の妻カーリンに迎えられる。夜明けに旅役者のヨフは丘の上を死の舞踏を踊りながら横切って行く死神と騎士の一行を目撃する。

『木板の絵』の物語に旅役者の夫妻が加えられたことは重要である。ヨフはヨセフであり、ミアはマリアである。そして彼らの子供につけられたミカエルの名前は、もちろん〈大天使〉のことであるから、この幼子はイエスを表している。つまり少年時代のベルイマンの記憶にある、もう一つの丸天井に描かれた薔薇の園の図像が、死神と人間の図像につけ加えられているのだ。映画の中では夢想家として描かれているヨフは、聖母マリアが幼子イエスを連れて歩く幻覚を見る。

新約聖書の福音書においては、主の使いがヨセフの夢の中に現れて、婚約者マリアが身ごもったのは聖霊によるものであると告げる。また旧約聖書の創世記の中の別のヨセフの場合は、夢によって予言をする能力を持っている。どちらのヨセフも夢のヴィジョンによって、天からの啓示を受けている。『第七の封印』のヨフが夢想家なのも当然のことである。これに対してミアの方は、ずっと現実的だ。こうした男女観は、ベルイマンのこれまでの作品の中でもはっきりと語られてきた。女性の逞しさと夢の中で生きる男性という図式が、『第七の封印』のような寓意的映画の中のヨセフとマリアにおいても依然として生きているのは興味深い。

キリスト教の主題

『第七の封印』はベルイマンが公然とキリスト教の主題に取り組んだ最初の映画である。牧師の子供として生まれ、家を飛び出るまでキリスト教の教義に浸っていた彼は、父への憎しみと重なり合ったキリスト教の神に対する懐疑心をもった。生を肯定的にとらえようとする姿勢は、おそらく死後の報いのために厳しく生を律するキリスト教的な立場からの反動によるものに違いない。だがこれまでのベルイマンの映画の中では、登場人物によってたびたび神の問題が語られてきた。キリスト教に対する反発は父に対する反発から出てきたものであって、ベルイマンは決して反キリスト教的な立場をとっているのではない。むしろキリスト教がもつ問題性のようなものを、ベルイマンは映画の主軸に据えているのである。ベルイマンが、『第七の封印』でキリスト教の主題を取りあげたのは、だからごく自然なことに見える。

新約聖書の〈ヨハネ黙示録〉においては第六章から子羊によって七つの封印が解かれる。これは将来この世に起こる出来事を記した、封印された巻物の封印である。第七の封印は第八章第一節において解かれる。

第七の封印が解かれると、しばらくの間天は静かになるが、ヨハネは神の前に立つ七人の使いを見る。七人の使いは各々ラッパを与えられる。各々のラッパが吹かれるごとに、この世は破壊されていく。

この映画の題名は、つまり世界の終末を示している。映画自体が表面上描いているのは、ペストが蔓延し、魔女裁判が行われた中世という時代だが、ベルイマン自身がインタビューの中で答えていることによれば、この映画は中世という時代を借りて現代のことを語っているのだ。核が一瞬にして全人類を滅ぼしてしまう可能性すらある現代が、もともと道徳劇として書かれたこの劇の寓意によって描かれている。

この映画の最後で、死神の導きによる死の舞踏を踊りながら黄泉の国に連れて行かれる一行に加わらないのは旅役者の夫婦ヨフとミアである。ベルイマンはこの夫婦を役者とすることによって芸術を寓意的に表そうとしている。しかもヨフとミアの間にいる子供ミカエルがイエスの寓意なのだとすれば、それは神によって遣わされた存在であり、かつこの世を救う存在である。ベルイマンが映画『第七の封印』において、原作の劇にはなかったこの夫婦を加えたことにはそうした意味がある。世界を救うものとしての芸術の役割がここに表れている。

この世の地獄

ベルイマンはこの映画で、かつての『牢獄』の中の数学教師ポールと同じ発想を抱いている。それはこの世が悪魔に支配された地獄であるという発想である。核爆弾がいつ使用されるかわからないという恐怖、あるいは現在では『第七の封印』が作られた当時にはなかったエイズやその他の病の恐怖、環境を破壊し、人間の体に入り込んでくる化学物質の恐怖など、人々は死を身近に感じさせる恐怖の中で生きている。恐れの中で人々はどのようにして生きていくことができるのだろうか。〈幸福〉についての映画を作っていたベルイマンは、『第七の封印』で〈幸福〉が実は恐るべき地獄に囲まれていることを見せる。

〈幸福〉は人間の内面的な事柄としてベルイマンによって追求されてきた。だが外部に一度目を向けると、そこには恐るべき現実がある。この現実が中世という時代を背景として寓意的に『第七の封印』の中に描かれている。

騎士は聖なる使命を持って十字軍に参加した。しかし彼の内面的な信仰は、外部の現実を目の当たりにして揺らぐ。かつて聖なる使命を掲げて自分を十字軍に参加させた男も、今では盗人になってしまっている。このような状況で信仰はどうやって持ち続けられるのだろうか。この騎士の懐疑的な見方は、そのまま現代社会の困難な時代における神に対する懐疑につながってくる。

この地獄のような世界で、恐れから逃れて生きる手段として、ベルイマンはヨフとミアによって表された芸術を呈示した。とりわけベルイマンは聖母と御子の幻覚を見る夢想家のヨフに、自己の芸術的立場を重ね合わせている。すなわち芸術を創作する上での夢想の中心的役割がこれによって語られており、夢想することにより真理に接触するという可能性が与えられているのだ。

聖母と御子はまさしく真理である。それを見るのはヨフだけだ。また、最後に死の舞踏を目撃したのもヨフだけである。真理を知ることをあれだけ欲していた騎士すら、死神との問答において、答えを見出すことはできない。唯一芸術を通じてのみ、人は真理を知ることができる。これはベルイマンが『第七の封印』の中に加えた希望である。

『第七の封印』の魅力は、その寓意的内容だけではなく、黒白の非常に美しくかつ造形的な映像にもある。撮影はグンナール＝フィシェルであるが『夏の夜は三たび微笑む』の美しい映像とはまた違った、静的だが力強く、ビロードのような黒が描く絵画的枠組みがここにはある。それは不思議にエキゾティックな感覚を与え、この感覚がこの後しばらく、ベルイマンの映画の特徴の一つになる。

『夏の夜は三たび微笑む』に続いて『第七の封印』もカンヌ映画祭で賞を受賞した。一九五〇年代の後半に、こうしてベルイマンは完全に国際的な映画芸術の最前線で仕事をする映画監督とみなされるようになった。

『野いちご』

『第七の封印』が成功したことで、次の作品『野いちご』は容易に製作された。これは一九五六年の秋に子供時代にしばしば過ごしたウプサラの祖母の館に車で出かけたときに思いついたアイディアから発展した。『第七の封印』とともに映画芸術の古典となり、さらにベルイマンの作品の中でも最も愛されているものの一つである『野いちご』は、自動車でストックホルムから南スウェーデンの大学町ルンドまで出かける老医師の意識の流れを描く。

『野いちご』

ルンド大学で名誉博士号を贈呈されることになっている七八歳の老医師イサク＝ボルイは贈呈式の前日の明け方、時間が止まった町の中で自分の死体を見るという奇怪な夢をみて目覚める。彼はルンドまで飛行機で行くという計画を変更し、自動車で行くことにする。息子の嫁マリアンヌの運転でイサクはルンドへの長い自動車旅行に出発する。途中彼はかつて自分が夏を過ごしたサマーハウスに立ち寄るが、その時彼の目の前には過去の映像が鮮やかによみがえってくる。そこでは昔の姿のままに彼の恋人サーラや弟のシークフリード、それに大勢の家族が生活している。ただ自分だけが七八歳の老人の姿で、それを見ている。

夢から覚めると自分の恋人であったサーラとそっくりな顔、そして同じサーラという名前の娘がイサクの前に現れる。彼女は二人の男友達とともにイタリアまでヒッチハイクをしているところである。イサクとマリアンヌは、三人の若者を自動車に乗せて出発する。

途中で自動車事故を起こした夫婦がイサクの車に同乗する。この二人は仲が悪く、車の中でも喧嘩を始めたため、マリアンヌは二人に自動車を降りてもらう。

イサクは年老いた自分の母親の家に立ち寄り、さらに自動車の旅を続ける。夢の中で彼は医学の試験を受けるが、問題に全く答えることができない。また亡くなった自分の妻が他の男と浮気する現場を目撃したときのことも夢の中で見る。

眠りから覚めたイサクにマリアンヌは、自分と夫の仲がよくないことを話す。ルンドに着き、イサクは名誉博士号を受賞する。三人の若者もそれを祝福した後、ヒッチハイクを続けるためにイサクらと別れる。マリアンヌとその夫は再び一緒に生活してゆく決意をする。夜ベッドに入ったイサクの前には、子供の頃の楽しかった時間が再びひろがる。

意識の時間

『野いちご』の特徴は、ストックホルムからルンドへ自動車で旅をするなかに、主人公イサクの記憶が入りこんで、彼の過去の出来事が語られるところにある。旅行している現在の時間とフラッシュバックで語られる過去の時間の交替は、『愛のレッスン』に見られた。しかし『愛のレッスン』ではフラッシュバックが物語を語るテクニックとして、純粋に様式的な次元にあったのに対して、『野いちご』では、マリアンヌによって自分と夫の間の出来事が語られる唯一の例外をのぞいて、フラッシュバックは様式的な次元をもつと同時に、主人公イサクの意識の流れを表している。その意味で『野いちご』はベルイマンの作品の中でも特異な形式をもった作品と言える。

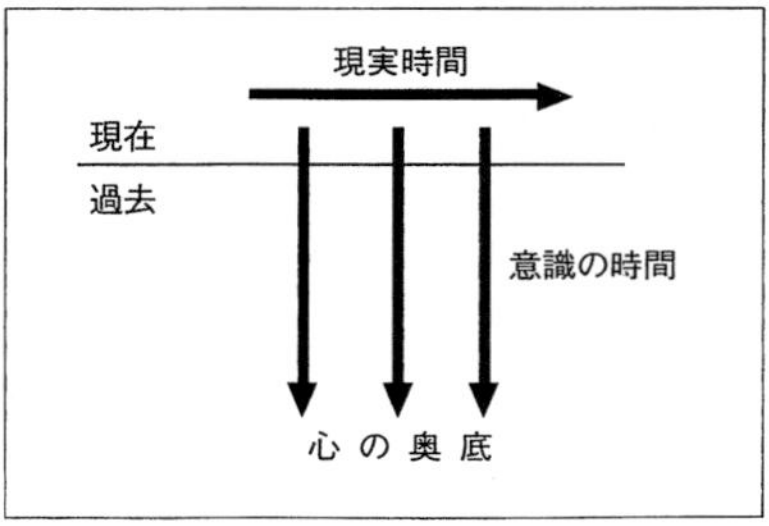

『野いちご』におけるイサクの意識の時間

意識の時間は、理論的にはもちろん現実の時間にも重なり合うのだが、この映画ではフラッシュバックによって過去に戻ったときに、イサクの第一人称的な、主観的な時間が進行する。それは過去に向かっていると同時に、イサクの心の奥底にも向かっている。（図を参照のこと）

旅の過程で様々な人物たちと出会い、そこに人生を発見し、旅そのものが死という終末に向かってゆくという物語の形において、『野いちご』は『第七の封印』に似ているとも考えられる。しかし決定的に『野いちご』をベルイマン作品のなかでも特異なものにしているのは、右にも述べたように、主人公の意識を前面に出していることだろう。これまでのベルイマンの作品（脚本だけのものも含めて）の多くに、画面外から聞こえてくる主人公のナレーションがあって、それはある程度ベルイマンのそうした技法を使った作品を主観的なものにしていた。しかし『野いちご』では人生の最期の時間を過ごす老医師の主観的ヴィジョンを展開することによって、フラッシュバックは全く個人の意識に変容する。フラッシュバックで示された過去の映像の中で、イサクだけが現在の時間のままの姿をしているのは、それらの過去の時間が、年老いた主人公イサクによって覗きこまれたものであるからである。

『野いちご』の時間表現のユニークなところはここにある。現在の自分の時間に、過去の時間がそのまま入りこんでしまうのだ。同一の空間の中に過去の時間と現在の時間が同居してしまう。アルフ＝シェーベルイ監督がかつて『令嬢ジュリー』（一九五一年）の一場面で、まさしくこの〈異時同図法〉的な演出を行ったことがあったが、ベルイマンは『野いちご』でそれを徹底的に使用している。

夢のシークエンス

主人公イサク＝ボルイを演じるのは、ベルイマン作品では『歓喜に向かって』の指揮者役でも出演したことのある、スウェーデンの無声映画時代の大監督にして俳優のヴィクトル＝シェーストレームである。ベルイマンが古い映画、特に無声映画の古典に親しんでいることは前にも述べた。『野いちご』の冒頭にあるイサクの夢のシークエンスにおいて、ベルイマンは一九二〇年代初めのドイツで作られた表現主義映画の様式を意識的に作り出している。

表現主義の様式は、ベルイマンのこれまでの映画に対しても、例えば『道化師の夜』に対して指摘された。しかしそれは、強烈な影の使用を映像の主軸に位置させる、広義の表現主義的様式であった。これに対してこのイサクの夢では、『カリガリ博士』や『蠱惑の街』といったドイツの無声映画にあるような映像をそのまま模倣している。映像の質も、故意に濃淡の強い調子に変えられて、非現実的な感覚が強められている。

このシークエンスで、針のない時計や顔のない男によって、時間の止まった死の町を表し、馬車から落ちた棺の中に自分の体が入っているという悪夢を描いているが、これはベルイマン自身が何度となく自分の夢の中で見たものであることを、彼はインタビューの中で語っている。そしてまた、棺を乗せた馬車は同時に、ヴィクトル＝シェーストレームの代表作の一つ『霊魂の不滅』（一九二〇年）への敬意の表現でもある。このシェーストレームの無声映画では、馬車に乗った死の御者が、人間の魂を黄泉の国に運ぶためにさまよい続けるのである。

父エーリックの分身

死期の近づいた人間が自らの過去を振り返り、偽善的であった自分の姿を直視する。あるいは医学の権威として歩んできた自分が、夢の中では医学の基本すら答えられない。名誉博士号を贈られる人物の外面的な姿と、その惨めな内面の姿の相違を見せるという点で、ベルイマンはこの老医師に対して厳格である。この老医師にイサクという名前をつけたのも、この人物が氷（スウェーデン語で〈イス〉）のように冷たいことにも関連しているとベルイマン自身が語っている。この氷のような心を持つ医師は、ベルイマン自身の父エーリックでもある。

だがこの映画は、このように一面では老人に対して、過去のエゴイズムを突きつけ、暴いてはいるが、もう一面では過ぎてしまった美しい時間がそれでもまだ彼の心の奥底で生き続けていることを見せている。過去の時間が人間にとって厳しいものであっても、同時にそれは優しく、なつかしい人々との再会を何度でも実現させてくれるものでもある。『野いちご』の豊かさはここにあると言ってよいと思う。それは人間が共通してもっている、消え去ってしまった至福の時をよみがえらせている。一九五八年度のベルリン映画祭で、この作品はグランプリを受賞した。

女の論理

『野いちご』は一九五七年の七月から八月にかけて撮影された。同年の冬、ベルイマンは彼より二歳年上の女流作家ウッラ＝イサクソンの短編小説に基づいた『女はそれを待っている』の製作に取りかかった。

産院の病室にセシリアが運びこまれる。妊娠三か月目の胎児を彼女は失った。彼女は夫アンデルシュが本心では子供を欲していなかったと思っている。同じ病室には男友達の子供を妊娠したが、流産することを試みたヨルディス、そして優しい夫の子供をこれから産もうとしているスティーナがいる。

スティーナの陣痛が始まり、彼女は分娩室に連れていかれるが、死産してしまう。彼女の落胆した様子を見たヨルディスは、生命の尊さを実感し、父のいない子供でも、産んで育てる決心をする。

離婚を考えていたセシリアも、夫との生活を再び始める勇気を与えられる。

ウッラ＝イサクソンの原作を彼女自身が脚色したもので、これまでのベルイマン映画とは技法の上で異なった印象を受ける。舞台は産院内だけであり、時間上の飛躍もそれほど大きくない。演劇的な限定された空間の中で話が進行するという点では、初期のテレビ・ドラマのような印象を受ける。

しかしこの〈女の映画〉にもベルイマン的な様相がはっきりと現れている。まずこの映画の舞台が、外的世界からは閉じられた、ある特殊空間であることに注目したい。これまでのベルイマンの映画では、そうした場が社会的仮面を取り外した人間の、欲望の発露の場として機能していた。『女はそれを待っている』の産院は、そのような場として、女たちの包み隠さぬ感情の放射を保障する。

この映画のタイトル・バックには産院のドアの曇りガラスがあるが、この曇りガラスこそ、外界とこの特殊空間を分け隔てる壁である。それは、例えば『不良少女モニカ』の島を囲む海と同じ機能を果たす。

また女の論理が支配している――原作者ウッラ＝イサクソンの思想も認める必要があるだろうが――この世界において、ベルイマンのかつての『女たちの期待』がそうであったように、三人の女はそれぞれ独自にこの産院という特殊空間の外側にいる人々と関係をもっている。セシリアは夫との反発的関係、ヨルディスは身勝手な男友達及び彼女自身の母親との反発的関係、そしてスティーナは夫との幸福な関係で結びついている。産院のドアの曇りガラスを通して、この特殊空間の中でこれらの関係はそれ自体の論理性をもっている。そしてセシリアとヨルディスにこの関係の論理を見直させる機会を与えるものこそ、スティーナの死産である。

『女はそれを待っている』はウッラ＝イサクソンの原作の位置が大きいにもかかわらず、その演出はずっと後のベルイマンのテレビ・ドラマをも予告する、室内劇的な密度をもっている。

『魔術師』

一九四七年三月にベルイマンはイェーテボルイの市立劇場で、G＝K＝チェスタートンの『魔術』という軽喜劇を上演した。それから一一年後の一九五八年夏に、彼はこれを『魔術師』として映画化した。ベルイマンがこの舞台劇をあえて再び取りあげてそれを映画にしたことは興味深い。なぜならこの劇は信仰の問題に関連し、さらに芸術家とはいかなる存在なのかということについての寓意をも表しているからである。

一八四六年七月のこと、魔術団の一行が馬車に乗ってストックホルムへ入ろうとする。だが町に入る前に彼らは捕らえられ、領事アブラハム＝エーゲルマンの館に連れてゆかれる。翌日にこの館で一行の魔術を見せるという約束で、魔術団はそこに一泊することになる。

ここに来る途中で一行に拾われたスペーゲルという役者が突然死んでしまい、座長のフォーグレルは死体を棺の中に入れる。一夜が明け、館では魔術が披露される。この席上で警察署長の妻は催眠術をかけられ、警察署長に恥をかかせる。合理主義者で魔術の超自然的な力を信じていない医師ヴェルゲルスはフォーグレルの罠にかかって、合理主義では説明できぬ体験をする。

領事エーゲルマンはフォーグレルらの魔術をいかさまであると決めつけるが、国王からの使者が魔術団の一座を王宮に招待すると告げにきて、一行は勝ち誇ったように王宮に向けて出発する。

『魔術師』

チェスタートンの劇は、公爵領に招かれた魔術師が、それを見ている客たちにどのような動揺を与えるかを描写している。この中で物質的合理主義はそれ自体が宗教であるとして批判されている。ベルイマンは映画『魔術師』の中で、宗教の主題をチェスタートンのようにではなく、キリスト教という宗教の寓意として扱っているように見える。この映画のスウェーデンでのオリジナル題名は『顔』である。魔術師フォーグレルは偽のひげを描き、顔にメイクアップをして他の人々の前に出る。そのメイクアップされた顔は、多くの絵画の中で描かれてきたキリストの顔を暗示しているのだ。

真理とトリック

物質的合理主義者たちはフォーグレルの体を調べるのだが、彼の体は普通の人間と全く変わりない。そのことはフォーグレル自身をも苦しめる。かつては自分の超自然的な力を信じていた彼も今やただの人間なのだ。フォーグレルは映画の中で一度死んだことに見せかけ、復活のトリックを演じる。だがキリストのように真に復活するのではない彼のトリックは、彼の心をますます空虚なものにする。

『第七の封印』において真理を求めても得ることができなかった騎士とこの魔術師の空虚感は等しい。しかし違っていることもある。それは魔術師が魔術の上演者として、芸術家であるということだ。これをはっきりと反映している人物が『魔術師』には登場している。それは途中で本当に死ぬことになる役者のスペーゲルである。スペーゲルとはスウェーデン語で〈鏡〉を表す言葉である。まさしくフォーグレルの苦闘はこの人物に反映されている。

スペーゲルというこの役者は、最初に死にかかったときに、真理とは人間が美しき情熱をもって追求する幻影なのだ、と語る。後に死の間際に、スペーゲルは同様のことを繰り返し語り、人が闇に向かって歩み出すことに唯一の真理があるという意味の言葉を吐く。スペーゲルという〈鏡〉を反映して、今度は別の部屋で、フォーグレルの妻マンダが「真理などない」と語る。

芸術家の寓意

このように魔術師や役者のような芸術家を寓意する存在に、絶対的真理に対する絶望感を語らせることによって、ベルイマンは『第七の封印』でヨフに真理を見せたときよりも、ここではるかに懐疑的になっている。ここにあるのは、芸術家における絶望でもある。最後に突然国王からの使者がきて、芸術家の勝利に終わるこの映画は、このハッピーエンディングによっていっそうのシニカルさをもつ。

芸術家という寓意をベルイマンという個人として考えてみよう。この映画を作った頃のベルイマンは国際的な名声を得て、まさしく芸術家としての高い評価の中で生きていた。この映画のハッピーエンディングは、ベルイマンのそうした境遇、社会的評価を暗に示していると言えよう。まさに一九世紀であったならベルイマンは国王から迎えられるような栄誉を与えられていたはずである。現に一九六〇年には彼はストックホルムの王立劇場の主任演出家になり、実際上スウェーデン演劇界の最高の地位にまで昇りつくのである。

しかしこの映画の魔術師がトリックによって超自然的なものを見せるように、芸術家は観客にトリックを使うのである。しかも彼の顔はキリストに似せてある。しかしその内面では自分はキリストでも何でもなく、神に対してすら全く懐疑的であるのだ。この自虐的とも言える芸術家の姿をベルイマンは『魔術師』の中で描いている。

『処女の泉』

一九五九年に、女優ビビ＝アンデルションとの恋愛関係を終えたベルイマンはピアニストのケービ＝ラレテイと結婚した。この女性からベルイマンは多くの音楽的教養を得た。この年にベルイマンは『女はそれを待っている』で一緒に仕事をしたウッラ＝イサクソンと再び仕事をする。それは中世に書かれたバラード〈ヴェンゲのテーレの娘たち〉の映画化である。これはカンヌ映画祭での受賞やアカデミー賞の外国語映画賞の受賞に輝くことになる『処女の泉』に発展した。

原作となったバラードにはいくつかの版があるが、ベルイマンはそれらの中で最も簡潔な版を選んだ。七二行で書かれたこの詩は大体次のような内容である。

「テーレ氏の大変甘やかされた娘カーリンは、寝過ごしてしまう。彼女の母メレータは彼女を起こし、急いでミサに行くよう優しく語りかける。虚栄心の強いカーリンは、宗教のことよりも自分の化粧や豪華な衣服に心を奪われている。しかし彼女は支度を終え、やっと出発する。森の中で彼女は三人の羊飼いに出会う。彼らは彼女を犯し、彼女の首を斬る。死体が横たわっていた場所から泉が湧き出、殺人者たちは彼女の衣服を奪って逃げる。その夜犯人たちは食べ物と寝る場所を求めるため、偶然にも彼らが殺した娘の家に立ち寄る。テーレとその妻は帰らぬ娘のことを心配している。羊飼いの一人が奪ったカーリンの服をメレータに売ろうとする。起こったことを察知した彼女はそのことを夫に告げ、夫は剣で三人を殺す。そして自分の復讐の行為に慈悲をかけてくれるよう神に求める。彼は罪滅ぼしに石と石灰で教会を建てることを誓う。」

映画の内容もほぼこれに忠実である。ただ、映画の中ではカーリンの首は斬られないし、死体の下から泉が湧くのは、映画では一番最後の場面にされている。さらにイサクソンとベルイマンは、オリジナルのバラードには登場しない重要な人物を映画につけ加えている。それはテーレの家に養女として住みついているインゲリという女である。この女を登場させることでイサクソンとベルイマンは、このバラードの源泉にあった異教的なものとキリスト教との対立を描く。

異教対キリスト教

スウェーデンにキリスト教が広まったのは一一世紀の頃からであるが、一三世紀に書かれたとされるこのバラードには、キリスト教以前に北欧で信仰されていた宗教や神話の要素が入りこんでいる。例えば異教の時代にあった生け贄とか犠牲に対応しているのが、処女を暴行して死に至らしめることと生命を与えてくれる泉の出現である。また処女と水は豊饒の儀式にも結びつく。

テーレという名前は雷神トールに対応し、この北欧神話の神は、戦争と農業を司っている。テーレの妻メレータはマリアであり、要するにここに異教とキリスト教という二つの信仰の衝突が示され、処女が殺された同じ場所に父が教会を建てると誓うことで、キリスト教の勝利に終わっている。異教は邪悪なものの寓意的表現としても映画の中で描かれるが、それを表しているのがインゲリという女である。彼女は映画の冒頭部分でキリスト教の神にではなく、異教の神オーディンに祈りを捧げている。インゲリは甘やかされ大切に育てられているカーリンに悪意を抱いており、これがキリスト教と対立する異教的なものの意味をはっきりとさせている。つまりこの映画ではキリスト教の勝利と贖罪が主題となっているのだ。テーレとインゲリの罪とそれに対する神の許しを示す意味で、最後に死体の下から泉が湧き出すのである。

こうしたキリスト教に対する見方はイサクソンのものであって、ベルイマンのものではない。キリスト教的主題に関する限り、『処女の泉』はベルイマンの思想を表すものではないと言えよう。ベルイマン自身は、この映画を製作した当時、黒沢明の『羅生門』（一九五〇年）に非常に大きな感銘を受けており、『処女の泉』はまさしく『羅生門』の森の中の雰囲気を模倣したものであったことを認めている。中世のスウェーデンを舞台としたエキゾティックな雰囲気は非常に魅力的であり、『道化師の夜』以来のいくつかのベルイマンによるコスチュームもののすべてがもつ造形的美しさは否定しようがない。しかしキリスト教の神についての見方は、むしろベルイマン自身のものとは正反対に肯定的な作品である。

エロティック喜劇

『処女の泉』の後、すぐに製作されたのが『悪魔の眼』という喜劇である。この映画の撮影中に、ベルイマンはストックホルムの王立劇場の主任演出家になった。映画自体はスヴェンスク・フィルムインドゥストリのデュムリング社長の意向に沿った喜劇であり、『魔術師』に見られたような思想性には欠ける。

〈若い女の純潔は、悪魔の眼にできたものもらいである〉というアイルランドの諺を受けて、地獄にいるサタンにものもらいができる。それは地上で処女のまま結婚をする娘がいるという、サタンにとってはやっかいな出来事が起こったためである。サタンはドン＝ジュアンと従者パブロを地上に遣わし、この娘の純潔を奪わせることにする。

地上に着いたドン＝ジュアンは、牧師の娘であるブリト＝マリーを誘惑する。従者のパブロは牧師の妻に一目惚れする。ブリト＝マリーを本気で好きになってしまったドン＝ジュアンは任務を遂行できなくなったが、彼女の唇だけは奪う。

地獄に戻ったドン＝ジュアンは任務を果たせなかった罰に、地上で行われているブリト＝マリーの結婚の日の会話を聞かなければならなくなる。が、初夜の会話で彼女が夫に対してうそをついたため、サタンのものもらいは消えてしまう。

この映画は三幕形式をとり、それぞれの幕の切れ目と、プロローグ及びエピローグにグンナール＝ビョルンストランド扮する解説者が登場し、地獄のことや劇の内容を説明する。ベルイマンはかつて『われらの恋に雨が降る』で狂言回しの老人を登場させ、観客に対して彼によって劇中人物のことを語らせたことがあるが、以来、そうした機能は画面外のナレーターの声によって替えられた。解説者が映画のことについて語るという手法は、マックス＝オフュルスの『輪舞』（一九五〇年）のアードルフ＝ヴォールブリュック（別名アントン＝ワルブルック）によって演じられた狂言回しの役を模倣したのかもしれない。映画的リアリズムとは全く離れたこうした芝居じみた仕掛けは、いずれにせよベルイマンのこの喜劇に似つかわしい。

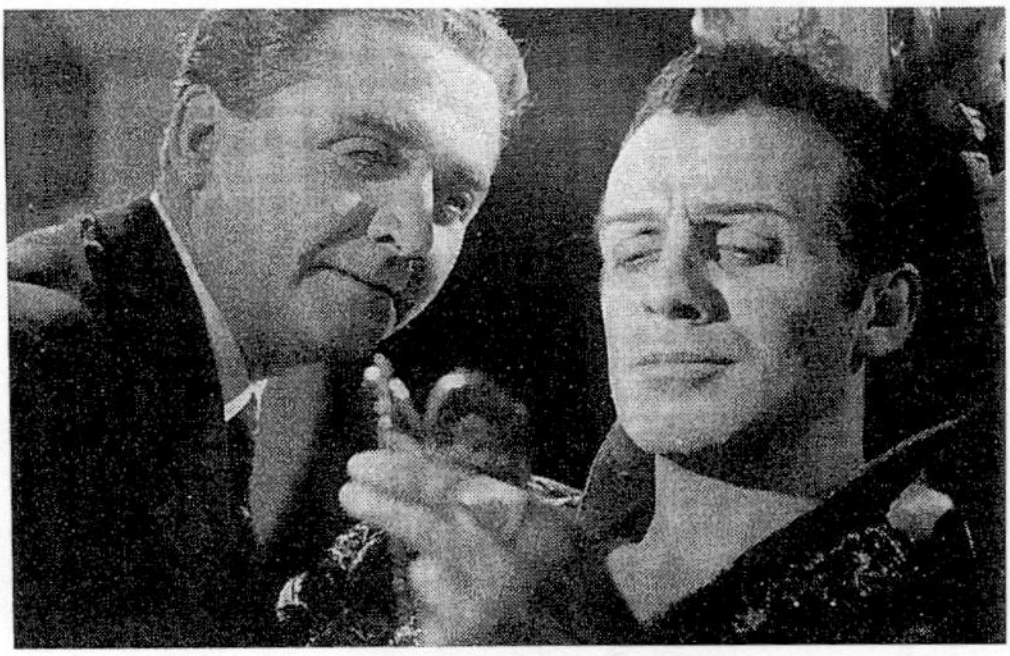
『悪魔の眼』

この映画はエロティック喜劇であり、その意味では『愛のレッスン』や『夏の夜は三たび微笑む』に通じている。誘惑される対象を牧師の娘としているところはベルイマンらしい。また地上に送られた悪魔が僧侶の姿をし、牧師の家に黒猫として暮らすのも、ベルイマン流の仕掛けとなっている。

従者パブロは牧師の妻を誘惑しようとする。牧師は妻と寝室を別にしており、二人の間に性的なつながりは今ではない。そしてこれに対して無意識に不満を持つ妻は、自分の不満足が牧師である夫ゆえであり、同時にストイックなことを良しとするキリスト教の教義ゆえであることを感じている。

ベルイマンはこのエロティック喜劇において、宗教的に抑圧された性について描く。しかしそれは決して独自の視点や独自の話術によってとらえられているのではなく、性そのものについて考えるというより、艶話としてのおもしろさを追求しているという感が強い。

喜劇としても『愛のレッスン』にある大胆なフラッシュバックや『夏の夜は三たび微笑む』の洗練された時代描写のような強い特徴に欠けている。ただしベルイマンが愛するモリエールの世界が、ここにかなり意識的に作りだされていることは確かである。ドン＝ジュアンという登場人物を始めとして、地獄の場面の演劇的構成は、ベルイマン演出によるモリエールの舞台に近いものがある。

匿名の自己批判

『悪魔の眼』は一九六〇年一〇月にストックホルムで封切られた。その直後、スウェーデンを代表する映画批評紙「チャップリン」（一九六〇年一一月号）は、〈反ベルイマン特集号〉を出した。この中でエルンスト＝リフという人物がベルイマンを批評する文章を冒頭に書いている。後からわかったことだが、このフランス人とされる人物は全く架空の人物で、実はベルイマン自身であった。この中でエルンスト＝リフ（すなわちベルイマン）は、ベルイマンは優れた舞台演出家といわれているが、彼の映画は空虚であり、舞台で使われた台詞をむなしく語っているだけではないかと批判している。そして彼の映画は我々自身や我々の生活や神について、実は何も語っておらず、それは映画芸術の退廃なのではないかとも書いている。

ベルイマンは匿名ということに興味をもったらしく、この自己批判の文章を書いた後、ブンテル＝エーリクソンという名前を用いて映画脚本『快楽の園』を書いている。この名前は、俳優エルランド＝ヨーセフソンとベルイマンの変名であり、映画自体はアルフ＝シェリンによって監督された。一九六一年の初めに、スヴェンスク・フィルムインドゥストリのデュムリングが癌に冒され入院した。長年にわたって社長の座にあったデュムリングは後継者を育てなかったために、スヴェンスク・フィルムインドゥストリは危機に陥った。このため会社経営のための委員会が組織され、ベルイマンも委員に加わった。『快楽の園』のようなふつうの軽喜劇の製作にベルイマンが関わったのは、こうしたやむを得ぬ事情によるものであった。これは完全な失敗作となり、こうしてベルイマンはボー＝ヴィーデルベルイのような若い批評家の絶好の批判対象になっていった。

神の沈黙の三部作

『鏡の中にある如く』　『快楽の園』の脚本執筆とほぼ同じ時期に、ベルイマンは、『鏡の中にある如く』の脚本を書いていた。これはそれに続く『冬の光』及び『沈黙』とともに、〈神の沈黙の三部作〉の一つに数えられる作品となる。『鏡の中にある如く』の題名は新約聖書のコリント前書第一三章一二節に記されている言葉に基づいている。またこの部分からの言葉は後に『鏡の中の女』（顔を互いに合わせて）（一九七五年）でも用いられている。

夏を島で暮らしている一家四人。小説家のダーヴィッドと娘のカーリン、息子のミーヌス、それにカーリンの夫で医師のマルティン、この四人が映画の登場人物である。カーリンは精神分裂病で入院していたが、最近になって退院した。

夜の食事をした後、ミーヌスの書いた劇が上演されて、ダーヴィッドはそれを見るが、ダーヴィッドはそこに自分への当てつけが書かれていると感じる。

ダーヴィッドが出かけた後、カーリンは書斎で父の日記を読む。そこには娘カーリンの分裂症は完治するものではなく、病気の進行を記録したいと書かれてある。父ダーヴィッドと夫マルティンのカーリンに対する不十分な愛は、彼女の幻想を増幅させる。

カーリンは部屋の壁紙の絵の中に入って何者かと出会い、またその絵から抜け出るという自分の幻想を弟ミーヌスに語る。

カーリンとミーヌスが廃船の中で近親相姦的関係をもった後、彼女の病状は悪化し、彼女は病院に入ることになる。カーリンを迎えに来るヘリコプターの影が、彼女にはクモの姿をした神に見える。

カーリンが連れてゆかれた後、ダーヴィッドと息子ミーヌスは、二人だけで話をする機会をもつ。父は息子に、神は愛であり、それらは一つの、同じ現象なのだと語ってあげる。

『鏡の中にある如く』は〈神の沈黙の三部作〉の最初の作品ではあるが、その内容は必ずしもキリスト教を否定しているものではない。むしろコリント前書の中の記述をそのまま生かしている。すなわち、〈今は鏡をもて見るごとく、見るところおぼろなり。されど、かの時には顔を合わせて相見ん〉という言葉通り、父ダーヴィッドと息子ミーヌスは最後には〈顔を向き合わせて〉語り合い、父は神と愛の一致について述べるのである。

抽象的な映画

『鏡の中にある如く』はこれまでのベルイマンのあらゆる作品の中でも、最も抽象的な作品である。これまでの作品にあったベルイマン的要素が、そのエッセンスだけを抽出されて配列されているかのようである。

舞台は孤島であって、まわりを海に囲まれている。よって外界とのコミュニケーションは容易に取れないし、外界の人々との実際上の接触もない。この島に夏の間だけやってきた、これら四人は、それぞれに別々の問題をかかえている。父ダーヴィッドは父親としての愛を家族に与えねばならないが、それは心の底からの愛ではなく、形ばかりのものだ。彼はスイスで自殺しようとさえしたと告白する。カーリンは分裂症という病気をかかえ、また父の日記を盗み読むことにより、それが不治のものであることを知る。マルティンは妻を愛しているように見えるが、それは夫としての、そして医師としての義務感からのものにすぎない。ミーヌスは性への好奇心と恐れをもっている。

救いと絶望

それぞれが孤独で、自分たちの問題を内に秘めている。そして映画は分裂症のカーリンを中央に据えて進行する。夫マルティンは医師として、科学を代表する。一方で劇作を行っているミーヌスは、芸術を代表している。ベルイマンにとっては『第七の封印』では芸術は救いであったが、『魔術師』ではその芸術そのものの〈いかさま〉が自虐的に語られた。『鏡の中にある如く』では科学も芸術もカーリンを救うことができない。だがベルイマンにおいては異例なことなのだが、とにかくカーリンはヘリコプターによって町の病院に運ばれるのだ。すなわち空に舞い上がるのだ。これは宗教による救いなのだろうか。天に舞い上がることは、確かに宗教的な救いが暗にこめられた意味を表している。そしてその後でダーヴィッドが神の愛についてミーヌスに語るのだとすれば、神の存在は何らかの希望を与えてくれるものであるし、少なくとも父と息子の間の精神的な結びつきを実現させてくれた。

しかしベルイマンは、もちろんキリスト教にそれほどポジティヴな希望を抱いてはいない。カーリンが見た神の形はクモの姿をしていた。それが彼女の中に入って行くのだ。クモはここではエロティックな意味をもっている。カーリンはミーヌスと近親相姦的関係をもつことによって、病状を悪化させたではないか。つまりエロティックなものは、カーリンを救うどころか、もっと絶望的にするのである。

コリント前書にある愛の復活を表面上は示しながらも、カーリンを連れ去った神のようなものは、彼女をもっと絶望的にするかもしれない。

『鏡の中にある如く』の魅力は、その薄ぼんやりとした光と暗さの中で進行してゆく映像の強烈な力によっても作り出されている。そしてまた、限定された場所において、四人の俳優のみで作られるこの劇は、〈室内劇映画〉としての緻密さと緊張感をもっている。

『冬の光』

〈神の沈黙の三部作〉の二本目の作品は『冬の光』である。

一一月の最後の日曜日の礼拝を終えた牧師トーマスのもとに、ヨナスとカーリンのペールション夫婦が来て相談をもちかける。ヨナスは新聞で中国が核をもつに至るという記事を読んで以来、不安におびえている。だがトーマスは彼を安心させるだけの言葉をもってはいない。その後トーマスはヨナスが自殺したという連絡を受ける。トーマスは彼の愛人でもある小学校教員メルタとともにヨナスの妻カーリンの家に行き、彼女の夫の死を告げる。

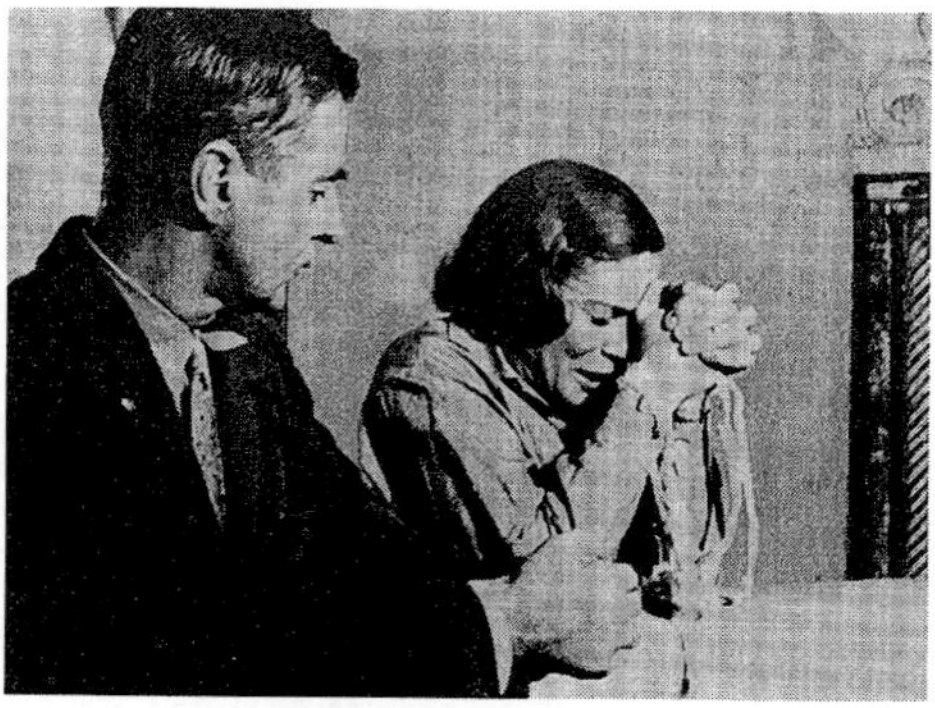
『冬の光』

その後トーマスとメルタはフロストネスの教会に行き、礼拝の準備をする。メルタはそこでオルガン奏者フレドリクから、トーマスが以前は熱心な信仰心ある牧師だったが、今では全く変わってしまったという話を聞く。

礼拝の時間になっても、信者は誰も集まらない。しかしトーマスは礼拝を始める。

『冬の光』はベルイマンの作品の中でも最も簡潔な主題をもった作品の一つである。それは現代において信仰は可能かという問いであり、それに対する絶望的にネガティヴな解答が加えられている。映画の始まりから我々はトーマスが教会で礼拝をする姿を見るが、教会に集まっている信者はわずか数人にすぎない。映画の最後で、別の教会における礼拝では、信者は一人もやって来ない。

主人公である牧師トーマスは風邪による熱で決して良い状態ではない。彼は一貫して厳格な表情を崩さないが、それは牧師という職業的な表情であって、逆にそこには人間的な暖かさの欠如がはっきり表れている。彼の愛人でもあるメルタは、彼に自分に対する人間的な愛情を向けてくれるよう求めるが、そうした求めにも彼は厳格さをもって、何ら応じようとしない。

中国の核開発に対するヨナスの恐怖を鎮めることも彼には全くできず、それどころかヨナスは恐怖のあまり自殺してしまう。一体このトーマスという牧師は何の役に立っているのか。彼の礼拝という形式的な儀式は、人の魂を本当に救うことができるのか。彼自身神に対する確固とした信仰があるのだろうか。

キリスト教及び牧師に対するこうした非常に厳しい見方は、ベルイマンのこれまでの作品以上に直接的である。父エーリックに対する憎悪というトラウマは依然としてあるとしても、ここではそうした個人的な告白を越えた、はっきりとした思想的表現がなされている。

新約聖書のヨハネによる福音書（第二〇章二四節以下）で描かれているように、一二使徒の中でもトーマスはイエスの復活を最初は信じなかった。そして「我はその手に釘の痕を見、我が指を釘の痕にさし入れ、我が手をそのわきに差しいるるにあらずば信ぜじ」と語った。

登場人物と使徒

まさしく『冬の光』のトーマスは、このトーマスであって、牧師としての形式的仕事を果たし、自らの威厳を保ってはいても、神に対して懐疑的になっている。

ヨナスが漁師であることは興味深い。福音書はイエスが最初の弟子として四人の漁師を選んだことを記しているからである。すなわちヨナスは真理を追究する者であった。それに対して、同じく真理を追究する者であるはずのトーマスは、与えられた形式的な仕事以外何もすることができない。

ヨナスが漁師であるということは、近くに海があるはずだが、映画の中では海が全く出てこない。ヨナスは中国の核についての情報を新聞から得る。それは外的世界で起こっていることである。少なくとも漁師であるヨナスは、外界の出来事に対して思い悩み、最後には自殺した。それは外界を内面化した結果である。

牧師であるトーマスはどうか。ヨナスを救うこともできず、愛人メルタに人間的な愛情を与えることすら拒む彼は、信者が一人もいない教会の中でも、規則通り、時間が来れば礼拝を始めるのである。この映画の始まりのトーマスの顔のショットと最後の同様のショットは、ほとんど変わっていない。トーマスは神に対して懐疑的でありながら、自らの内面を何も変えることなく、与えられた仕事としての儀式を遂行するのである。

『沈　黙』〈神の沈黙三部作〉の最後、第三作目は『沈黙』である。

エステルとアンナの姉妹、そしてアンナの息子ヨーハンが休暇を終えてスウェーデンに列車で帰る途中、エステルの健康状態が良くないために、見知らぬ国のある町で列車から降り、ホテルに入ることになる。翻訳家で数カ国語を理解するエステルにも、この国の言葉は全く理解できない。アンナはホテルの外に出てあるカフェに入り、そこで好色そうなウェイターと目を合わせる。その後彼女はミュージック゠ホールにはいるが、そこで彼女は座席で性的行為をしている男女を見かける。

アンナがホテルに戻る。姉エステルと彼女の間の関係が緊迫したものになる。先ほどのウェイターがやってきて、アンナと彼は部屋の中に入る。

朝になって、エステルが倒れ、アンナと息子のヨーハンはエステルを残して、スウェーデンに向かう列車に乗る。

コミュニケーションの不可能性

『沈黙』の女主人公の一人、エステルが翻訳家であることは重要である。彼女の仕事はある言葉を別の言葉に置き換え、解釈するというものである。だがこの姉妹が降り立った国は、全く言葉の通じない国だ。ここでは解釈することが不可能なのだ。神の意志は言葉によって伝達される、という思想がキリスト教の根底にある。神の意思の顕現がイエスであって、それは言葉として人々に伝達される。『沈黙』において言葉が全く理解されないことは、神の不在をも意味している。

この映画ではホテルが主人公たちを隔離する場所となる。ホテルの外は外的世界であり、それは邪悪な場所である。だが主人公たちを隔離するこのホテルの中ですら、外国であり、異質な世界であり、意思伝達の不可能な場所である。二人の姉妹の間でさえ、互いの意思をうまくコミュニケートすることが困難である。

『沈黙』において特徴的なのは、従来のベルイマン作品では、欲望やエゴイズムが隠されることなく現れる隔離された場が、外界の邪悪な場に冒されてしまっていることだ。アンナはホテルの外に出て、ホテルの中に外界の邪悪なものを連れこんでしまう。特に〈解釈者〉である翻訳家のエステルにとっては、居る場所のない場と化してしまう。エステルは一種の聖職者的な存在としても理解しうる。この邪悪な世界で、邪悪なものに冒されずに生きるために、彼女は酒に溺れ、マスターベーションによって自分を慰める。

このおぞましき世界において、知性によって意味を知ることは可能なのだろうか。アンナのように知性を放棄して生きることしかできないのだろうか。ベルイマンは〈神の沈黙の三部作〉の最後の作品において、この後の彼の主たるテーマとなるコミュニケーションの不可能性の問題をはっきりと扱うが、『沈黙』では知性の可能性に望みをかけ――エステルはこの見知らぬ国の言葉をヨーハンのためにいくつか調べる――そしてヨハン＝セバスティアン＝バッハの音楽をラジオから流しながら、音楽による普遍的な理解にも望みをかける。

性の世界への旅

『沈黙』には列車による旅の途中という、これまでのベルイマン作品に何度か見られたシチュエーションがある。『野いちご』における自動車による旅もそうだが、ベルイマンにおいては、このような旅は、現実的な日常の空間と時間を変えてしまう働きをもっている。『沈黙』の場合、主人公たちは列車の旅の途中で、言葉の通じない迷宮の中に入りこむ。ホテルの中にいる人間、あるいは町の中にいる人間も、異次元の中で生きる人々のように見える。この世界はセックスに刻印された世界であって、アンナに対してもエステルに対しても、性的反応を引き出すように働きかける。

アンナの息子ヨーハンについてはどうだろうか。彼は性への恐怖を無意識的に感じながら、成長を拒む少年として、『愛のレッスン』の少女ニクスや『鏡の中にある如く』のミーヌスと共通した存在である。しかしベルイマンは、この少年に特権的な地位を与える。ホテルに滞在している小人によって性的なものへの恐れを設定したとしても、少年はそれに冒されることはない。アンナのように欲望に身をまかせることはないし、エステルのように酒とマスターベーションに溺れ自分を守ることもない。むしろ彼は真理を探究しようとするのだ。ベルイマンはこの絶望的な世界において音楽という芸術と、素直に知性を求める少年に希望を見出している。

人間のドラマ

色彩映画へ　一九六三年一月に、ベルイマンはストックホルムの王立劇場——通称ドラマーテン——の劇場主に抜擢された。この後三年間、彼はスウェーデンで最高の地位にある劇場の経営・管理・運営をせねばならなくなった。しかし彼の創作エネルギーは、この多忙な仕事にもかかわらず、衰えることを知らなかった。この年の春に彼は二本のストリンドベルイ劇——『幽霊ソナタ』と『夢想劇』——をスウェーデンのテレビ用に演出し、さらに新作映画『これらすべての女について語らぬために』に取りかかっている。

二年前にベルイマンはエルランド゠ヨーセフソンと二人のペンネーム、ブンテル゠エーリクソンを使って『快楽の園』の脚本を書いた。この時タイトル・バックにはスタッフの顔写真が入れられたのだが、脚本ブンテル゠エーリクソンの所には、ベルイマンとヨーセフソンの子供時代の写真が入れられている。一九世紀末頃のスウェーデンの町を舞台にしたこの映画は色彩フィルムで撮影され、脚本を執筆しただけとはいえ、ベルイマンが関わった最初の色彩映画となった。実際、内容的には男女の恋を描いた軽喜劇で、とりわけベルイマンが脚本に参加したという意味は見あたらない作品であるが、色彩映像は美しく、特に野外場面の落ち着いた色合いは、一九世紀末の北欧の印象

『これらすべての女について語らぬために』

派絵画をすら思わせる。

『これらすべての女について語らぬために』は、ベルイマンが監督した最初の色彩映画で、脚本は『快楽の園』と同様ベルイマンとヨーセフソンの共同で書かれているが、今回はブンテル＝エーリクソンの偽名は使われていない。

チェロ奏者フェーリクスが死亡し、葬儀が行われる。話はその四日前に戻る。

音楽批評家で作曲家でもあるコルネリウスが、フェーリクスの伝記を書くためにこのチェロ奏者の館にやってくる。この館でコルネリウスはフェーリクスの数人の愛人に出会う。

葬儀の三日前、コルネリウスは自分の作曲した曲をフェーリクスに演奏させるために彼に会おうとするが、なかなか会うことができない。

葬儀の二日前、フェーリクスに会うためにコルネリウスは女装も厭わない。フェーリクスはコンサートのラジオ中継をすることになり、コルネリウスの曲が選ばれる。しかしチェロを演奏し始める前に、フェーリクスは死んでしまう。

葬儀の日に戻る。女たちは貧しいが若く才能のある新たなチェロ奏者を見つけ、彼にもう夢中になっている。

この作品は第一にベルイマンが最初の色彩映画で、どのような色彩設計を行ったかを見るべき作品である。『快楽の園』に比べて、色彩はかなり人工的であり、ずっと舞台的である。葬儀場面が典型的だが、館の内部はあたかも演劇の舞台装置のように作られている。色照明も多く使って、色彩の変化に気を配っている。

映画は一九二〇年代のアメリカのスラップスティック・コメディーのスタイルを多くの場面で採用している。だがチャップリンなら洗練された喜劇的なアクションが芸術的なものに高められても、コルネリウスを演じるヤール＝クーレでは、あまりにも芝居じみてしまう。中間字幕を使ったり、モノクロームの映像を入れたりして、ベルイマンはこの映画の演出を楽しんでいるように見えるが、結果としては、明らかに失敗作であろう。

内容上はフェーリクス――最後までその顔を観客に見せることがない――という芸術家の伝記を書くコルネリウスが、彼の愛人たちを観察して、本の材料としてゆく。フェーリクスという芸術家はベルイマン自身と見ることもできる。この映画の脚本を書いていた時点で、スウェーデンでは二冊のベルイマンの伝記が刊行されていた。一つは一九六〇年に出たフリティオフ＝ビルクイストによるもの、そしてもう一つは、一九六二年に出たマリアンヌ＝ヘークによるものである。特にベルイマンは、出版されたばかりであった後者を意識しているようだ。この本の中でマリアンネ＝ヘークは〈ベルイマンと女たち〉という章を設け、ベルイマンの映画における女性像を分析している。芸術家の伝記を書こうとするコルネリウスに対するシニカルな描写は、こうした批評家たちに対するベルイマンの映画による一つの答えということができるかもしれない。

『これらすべて女について語らぬために』以降、ベルイマンは映画によって喜劇を作ることをやめてしまう。そして〈神の沈黙の三部作〉からの必然的な展開が、これ以降のベルイマンの映画に見られるようになる。

息子ダニエル

一九六三年にベルイマンには長男ダニエルが生まれる。初めての男子の誕生にベルイマンは大変喜んだことだろう。生後まもなくから二歳になるまで、ベルイマンはダニエルを八ミリと一六ミリの映像によって記録した。一九六六年にスヴェンスク・フィルムインドゥストリが数人の監督に自分を刺激するものについての短編映画を作らせ、オムニバス映画『刺激剤』として上映した作品の中で、ベルイマンは自らが手持ちのカメラで撮影したダニエルの記録を挿入した。この中でベルイマンは、自分に刺激を与えてくれるものはダニエルの顔であると述べている。

一〇分間のこの短編映画は、ベルイマンがアマチュアの映画、個人用の映画をも作っていたことを知らせた。後にベルイマンの自伝の出版を記念して、イギリスの放送局ＢＢＣは『幻燈』と題する二部構成のベルイマンについての番組を作ったが、その中にはベルイマンが自分で撮影したり、他の人に撮影させた、映画の撮影風景が紹介されている。それらはすべてベルイマン自身が個人的にコレクションとして保存しているものだが、中には色彩で撮影された『野いちご』の撮影の様子などがあり、登場人物たちの白黒映像では知り得なかった鮮やかな色彩の衣服などに驚かされる。

『ペルソナ』

ベルイマン自身はあらゆる場所で自分を演劇人と位置づけているのだが、彼は映画のマニアであり、映画を独自のメディアとして見なしていることは明らかである。一九六五年の夏に撮影された『ペルソナ』は私たちが映画を見ていることを意識させる映画である。通常映画は、それが映画であることを忘れさせるような幻影を作って成り立つものなのだが、『ペルソナ』はそうした幻影に対して一定の距離を置く。この映画の題名をベルイマンは最初『映画』としたのだが、最終的にはラテン語で〈仮面〉を意味する『ペルソナ』になった。

ある病院。看護婦アルマは、この病院に入院したエリーサベト＝フォーグレルの世話をすることになる。彼女は女優で『エレクトラ』の公演中、突然言葉が出なくなり、失語症になってしまった。

アルマはエリーサベトに声をかけるが、彼女は何も答えない。

転地療養のため、アルマはエリーサベトに付き添ってある島に行く。この二人の女性は、次第に相手の内面の中に入っていく。いつしかそれぞれの同一性が一つに重なっていく。アルマとエリーサベトの内面的な葛藤が繰り返された後、エリーサベトは一人この島を去る。

『ペルソナ』はベルイマンの二七本目の監督作品であり、『ペルソナ』という題名になるまでに、それは『作品二七』とも呼ばれていた。そしてこれは彼自身の〈映画〉についても語っていることから、イタリアの映画監督フェデリコ＝フェリーニの『8½』（一九六三年）との関連が指摘できるかもしれない。『8½』では、映画監督の創作上の行き詰まりが主題の一つとされた。フェリーニを意識したかに見えるベルイマンの場合はどうだろうか。

仮面と同一性

この映画では、患者エリーサベトを観察している看護婦アルマが、実は逆にエリーサベトから観察されている。しゃべり続けるアルマと言葉を発しないエリーサベトの関係が逆転し、看護婦が患者になってしまう。

アルマは夢の中でエリーサベトの夫に会う。彼はアルマをエリーサベトと呼ぶ。つまり二人の女は交換可能になる。二人の女の顔は溶けて一つになっていく。

『ペルソナ』における二人の人物は、こうして一人の人物の二つの側面を表していると解釈することも可能である。一方は沈黙し、一方は語り続ける。一方は受動的で、一方は能動的である、また一方は女優であり、一方は看護婦である。

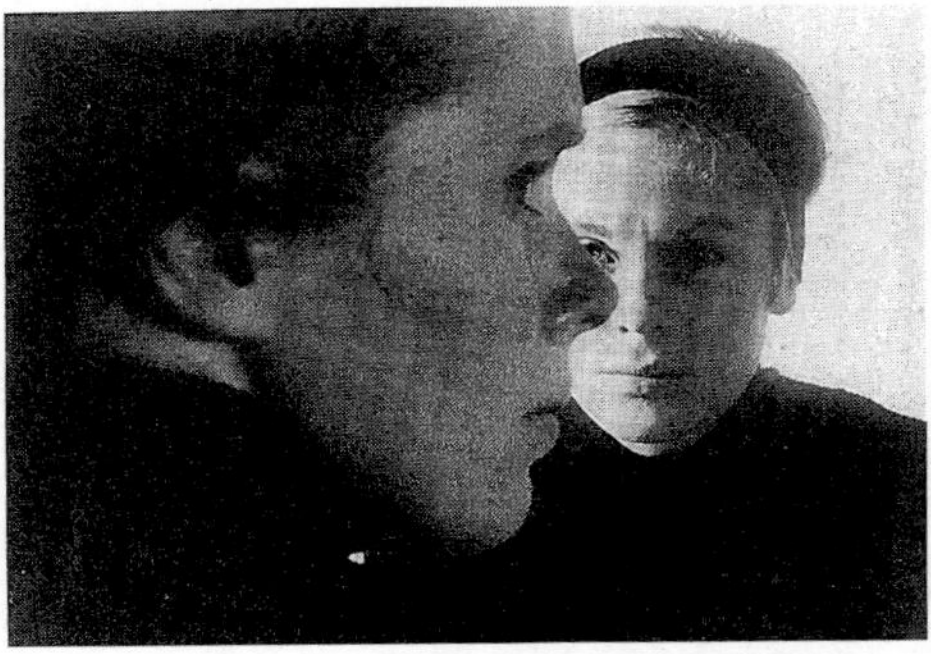
『ペルソナ』

私たちはここで『魔術師』のフォーグレルを思い出したい。彼はキリストのような仮面を外に示している魔術師、すなわち芸術家であった。『ペルソナ』のエリーサベトは、エリーサベト＝フォーグレルという、あの魔術師と同じフォーグレル名をもっている。しかもエリーサベトは女優、すなわち芸術家だ。『魔術師』のフォーグレルがベルイマンの分身なのだとすれば、このエリーサベト＝フォーグレルも芸術家として、同様の働きをしてはいないだろうか。

それでは看護婦アルマはどうか。彼女は具体的な行い、日常的かつ現実的な行いを代表している。『エレクトラ』を演じるのがエリーサベトの仕事だとすれば、アルマの仕事は患者の世話をすることである。

この対極的な二人の女が一つの同一性のもとに合体される。それは一つの人格の二つの相反する側面である。一方は芸術に、もう一方は現実に結びつく。

エリーサベトがなぜ言葉を失ったかについての説明を映画は行わない。しかしテレビの画面に映されるヴェトナム戦争などの映像を見て、エリーサベトは恐怖におののく。外的世界で進行している戦争などの邪悪なものに対して、ベルイマンのような芸術家は内的な世界を作りあげる。『ペルソナ』で多くの場面が進行するのは外的世界から隔離された島の中である。

エリーサベトとアルマという一人の人間の対極的二つの側面が、ベルイマンにおける芸術家としての顔と社会人としての顔であるならば、ベルイマンは『ペルソナ』において隔離された内面的世界に生きても、なお必然的に関わらざるを得ない外界の現実との接触を描いていると言えよう。芸術にとってそれは苦しみを与えるものである。しかし映画というメディアは、演劇以上に現実を垣間見させ、自己告白的に苦しみを表現することができる。

『ペルソナ』はそのような意味で、ベルイマンの映画による映画論になっている。実際に、映画を見ているという意識を非常に強烈に与えるのがこの作品の特徴であり、例えば途中で映写中の『ペルソナ』という映画のフィルムが切れてしまうという体験――現代ではあまりなくなったが、昔は映画館の中で上映中フィルムが切れるということが時々あった――をすら観客に与える。これがベルイマンのトリックであることはいうまでもない。

『狼の時間』

『これらすべての女について語らぬために』の後、一九六四年にベルイマンは『人喰いたち』という映画脚本を書き、これを翌年の夏に撮影する計画を立てていた。しかし一九六五年の春、彼は肺炎にかかってしまい撮影は中止になってしまった。『ペルソナ』を作り終えた後、ベルイマンは『人喰いたち』の主題を発展させた『狼の時間』の脚本を書いた。この映画の撮影は一九六六年の五月末から九月下旬にかけて行われたが、公開は遅れ、スウェーデンで封切られたのは一九六八年の二月になってからであった。

画家ヨーハン＝ボルイは、夏を過ごすため、妻アルマとともに島にやってくる。最近ヨーハンは内にこもるようになり、闇の中で生活するのを恐れている。ある夜ヨーハンは妻に、自分のスケッチブックを見せる。そこには彼を悩ませる鳥人や悪魔が描かれている。アルマは彼の日記をこっそり読んでみる。それにはヨーハンが以前の愛人ヴェロニカ＝フォーグレルと、この島で会ったことが記されている。

ヨーハンとアルマは、近くの城に住むフォン＝メルケンス男爵に招待される。会食のあと招待客の一人によって、モーツァルトの『魔笛』が人形によって上演される。

城から戻ったあと、ヨーハンは以前一人の少年を殺したとアルマに告白する。人形劇を上演した男がヨーハンとアルマの家にやってきて、ヨーハンに城に来るように言い、そこにヴェロニカ＝フ

『狼の時間』

ォーグレルがいると告げる。その男のもってきたピストルでアルマを撃ったあと、ヨーハンは城に行き、その中で悪夢の迷宮に入りこんだような体験をする。
アルマは実際にはピストルで傷を負うことがなかった。彼女は森に入ったヨーハンを追うが、見失ってしまう。それ以来ヨーハンは行方不明になった。

〈狼の時間〉とは、真夜中と明け方の間にある時間で、その時間には悪魔が力を出し、人間が死に、子供が生まれるという。映画は画家ヨーハン＝ボルイが数年前に島の家から消えてしまい、この映画は彼の日記と妻アルマの語ったことに基づいている、という内容の字幕によって始まる。

妻アルマはある時どこからともなく現れた見知らぬ老女に指示されて、夫ヨーハンの日記を読む。ベルイマンの映画では他者が書いた日記や手紙を読むという行為がよく出てくるが、これはナレーションによる画面外からの語りとともに、人の心を覗き見るきっかけを与えてくれる。『鏡の中にある如く』では娘が父の日記を読むし、『ペルソナ』ではエリーサベトの書いた手紙をアルマが盗み読む。『狼の時間』は全体が、日記と証言という、個人的な、主観的な語りによって出来ている。

主人公のヨーハンは画家であって、要するにベルイマンの世界では芸術家全般、もしくはベルイマン自身を表す。ヨーハンは落ちこんでおり、仕事がうまくいかない。『ペルソナ』におけるエリーサベトと同様、芸術家として自己表現することがもはやできないでいるのだ。

ヨーハンのかつての愛人ヴェロニカは、フォーグレルという名前をもつ。このフォーグレルを『魔術師』や『ペルソナ』の場合のように芸術家を表すものとする必要はないが、ヴェロニカに対するエロティックな欲望が、妻アルマとの親密な生活を妨げていることは明らかである。ヨーハンという芸術家は、ベルイマン作品にこれまでもよく見られる、現在にではなく、過去に結びついた人物である。彼は夢の世界に生きている。夢は次第に悪夢へと移行してゆく。

謎に満ちた映像

ヨーハンの悪夢に登場する悪魔の一つ、鳥人は、皮肉なことにモーツァルトの『魔笛』に登場する鳥人パパゲーノを連想させる。モーツァルトにおいては自然と子供が合体した、純粋なものと慈悲深さを象徴していた鳥人パパゲーノが、ここでは、自然と子供の中にある邪悪なものに姿を変える。子供を石で殴り殺し、海の中に沈めた芸術家が、彼の悪夢の最後の場面では、鳥人につつかれて、死の世界に追いやられるのだ。

『狼の時間』の後半部分で、画家ヨーハンが城の迷宮に入ってゆくところから、この映画の映像は全く謎に満ちたものに見えてくる。初期の『闇の中の音楽』や『牢獄』あるいは彼の代表作の一本でもある『野いちご』の中にある夢の表現も不気味であったが、『狼の時間』の夢（というより悪夢）は、これらより長く、また私達を非常に奇妙な世界に閉じこめる。例えば壁に向かって歩いていった男が、さらに壁の上まで歩いてゆくような幻影をヨーハンは見ることになる。

『恥』　ベルイマンは私生活では『ペルソナ』に出演した女優リヴ＝ウルマンと同棲し、『狼の時間』を製作していた時期には、二人の間に女児が生まれた。二人はベルイマンが『鏡の中にある如く』の撮影に使った島、フォール島で暮らしたが、法的に結婚することはなかった。

『狼の時間』は画家ヨーハンの内面に何が起こっているかを描いており、島の外の世界については触れられていない。だがベルイマンにとっては、外の世界の現実は、芸術家に対しても逃れることのできない問題として常に存在している。ベルイマンは、次の映画作品の題名を、初め『戦争』として企画し、その後これは最終的に『恥』として公開されることになった。『恥』には前作『狼の時間』では触れられなかった、外の世界の現実がはっきりと描かれる。

エヴァとヤンのローセンベルイ夫妻は、オーケストラのバイオリン奏者であったが、戦争が始まったため、今では島の農園で生活している。戦闘機から脱出した兵士が農園の近くで撃ち殺されているのを見た二人は、自動車で逃げるが、軍隊と出会い、カメラに撮影され、インタビューを受ける。

農園に戻った二人は敵に協力したとして収容所に拘束されそうになるが、知人のヤーコビ隊長によって救われる。だがヤーコビは、農園にやってきて、自分のもっている大金を渡してエヴァと関係をもとうとする。それを目撃したヤンは、別の軍隊がやってきて二人の家を破壊し、ヤーコビを殺すようピストルを渡されたとき、ためらいながらも引き金を引く。

ヤンとエヴァは、ヤーコビから受け取った金を支払ってモーターボートに乗り、島を脱出する。しかしボートを操縦していた男は水中に飛び込み、エンジンも止まり、ボートは兵士たちの死体の浮く海上をゆっくりと流されてゆく

『恥』

『恥』で島に移り住んで農園で生活しているヤンとエヴァは音楽家であり、芸術家である。二人は現実世界で起こっている出来事に無関心であり、それゆえ戦争の暴力の届かぬ島に暮らしている。しかしこの島が戦争暴力の舞台となると、二人は必

然的に外の世界の現実に巻きこまれてゆく。

映画の冒頭で、ヤンは見たばかりの夢についてエヴァに語り、自分が町の中に住んでいた過去が現実的で幸せなものであったのに対して、現在は悪夢であると述べる。過去の方が現実的なのだとすると、ヤンは悪夢である現在から逃れ、幸せだった過去に意識を向けているということになる。

これに対して妻のエヴァの方は、より現実的で逞しい。彼女は子供を欲しがっているが、ヤンは病院に行って検査したらどうかという妻の提案を受け入れない。だが戦争の影が次第に彼らの身にも近づいてくる。ラジオが壊れたままになっており、現実としての情報を受け入れることを拒否していた彼らの生活も、戦争に脅かされるようになる。〈ブランデンブルグ協奏曲〉に美と調和という芸術家の夢を見出し、鶏を殺すこともできなかったヤンは、ヤーコビをピストルで撃ったあと、決定的に変わる。それまではエヴァによって主導権が握られていた二人の夫婦関係も逆転する。彼はまだ少年とも言えるほど若い脱走兵を殺害し、彼から靴を奪う。

〈神の沈黙の三部作〉でベルイマンは、この世界における神の不在と人間の絶望的状況を描きながら、人が生きることの内面的な格闘を、人の心を顕微鏡で覗きこむように展開した。『ペルソナ』や『狼の時間』では、さらに個人的な、内面の迷宮が視覚化された。

これらと比べて『恥』が大きく違っているのは、これまでは高い塀によって外部世界から守られていたベルイマンの内的世界が、外部世界の暴力的現実という場の中に展開しているということである。主人公の二人はこのような厳しい状況の中でも夢を語る。過去の世界に生きていたヤンは、オーケストラという民主主義の中に戻る願望を抱いていたし、エヴァは自分たちが他者の夢の中にでもいるという感覚をもつ。そして映画の最後もやはりエヴァの夢についての語りで締めくくられる。その夢の中で彼女は、産んだことのない自分の娘を抱きながら、爆撃機が薔薇の壁を爆撃しているのを見ているのだ。

テレビドラマへの挑戦

一九六八年にベルイマンは自分の映画を作るための会社〈シネマトグラフ〉を設立した。以後、いくつかの例外はのぞいて、ベルイマンの作品はこの会社が中心となって製作されることになった。その最初の作品となったのは、スウェーデンのテレビ局と合作した『夜の儀式』である。これは一九六七年の夏にベルイマンによって書かれた映画用脚本に基づいたもので、演劇的要素が強く、俳優たちは撮影前の一か月間、これを舞台作品のように練習し、ベルイマンは、一九六八年五月から六月にかけてのわずか九日間で撮影を完了させた。

仮面劇『儀式』が猥褻であるとして、これを上演した三人の人物が取り調べられる。最初取調室に呼ばれたのはフィシェルという男である。彼は取調官を罵倒する。

次に座長のヴィンケルマンが尋問される。最後に、座長の妻であり、フィシェルとも肉体関係をもつテアが調べられる。

取調官をただ一人の観客とし、仮面劇『儀式』が取調室で上演される。途中で取調官は心臓麻痺を起こして死亡する。


このわずか三人からなる一座の名称は、フランス語で〈無〉を表す〈リアン〉である。彼らはスイス国籍を取得しており、その住まいはアスコナにある。ベルイマンの『魔術師』でフォーグレルの磁気劇場が、かつて奇跡を起こした場所とされたのが、このスイスの町アスコナであった。『道化師の夜』や『魔術師』に登場する見せ物芸人たちと同様に、『夜の儀式』の三人の芸人は、自分たちの仕事に疲れている。彼らは芸術に出来ることの限界を感じている。

尋問とホテルの部屋における会話によって、三人の芸人の内面が暴かれる。それは芸術を生み出す者たちの内面でもある。

芸人が町に入ろうとして拘束されて、取り調べを受けるという劇の進行において、『夜の儀式』は『魔術師』とよく似ている。そして『魔術師』において、最後に魔術師一行が勝利したように、『夜の儀式』においては芸人たちの内面を暴いた公務員の取調官が、芸術によって復讐される。すなわち三人の芸人たちは、取調官自身の弱い内面を暴き出し、彼を心臓麻痺によって死亡させてしまう。しかし『魔術師』で最後に王宮に迎えられた一行とは違って、『夜の儀式』の芸人たちは有罪となり、二度とこの国に戻ることはないのである。

ベルイマンはかつてテレビ用に劇の演出をしたことはあったが、オリジナルの台本でテレビ・ドラマを作ったのは、これが最初であった。この作品はフィルムで撮影され、劇場でも映画として上映されている。

『夜の儀式』で特徴的なのは全体を九つの場面に分けて、それぞれの場面が一つの場所において展開しているということだ。映画が空間や時間を自由に使っているのに対し、ベルイマンのこのテレビ・ドラマは、むしろテレビの小さな空間を演劇空間のように利用して、観客の注意を限りなく役者の演技に集中させている。

『受　難』

一九六九年にベルイマンは、彼の二本目の色彩映画『受難』を作った。これは『狼の時間』『恥』に続いて、リヴ＝ウルマンとマックス＝フォン＝シュドウの二人が主要な役を演じる、いわば三部作の最後の一本にあたるものとなっている。

島に一人で暮らしている男アンドレアス＝ヴィンケルマンの所に、ある時アンナという女性が電話を借りに来た。彼女がハンドバッグを置き忘れたため、アンドレアスは彼女が同居している建築

『受　難』

家エリス＝ヴェルゲルスとその妻エヴァの住む家に届けに行く。これらの人々と親しくなったアンドレアスは、エリスの家に招かれ、彼のコレクションの写真を見る。

　エリスが留守のとき、彼の妻エヴァはアンドレアスの家にやってくる。エヴァは夫に自分は一人でいるという嘘の電話をかける。

　ある時何者かによって、沢山の羊が殺される。その嫌疑が精神病の病歴をもつ農民でアンドレアスの知り合いであるヨーハンにかけられる。

　アンドレアスとアンナの同棲生活が始まる。まもなくヨーハンは自殺する。アンドレアスとアンナの仲は次第に険悪になる。二人はほとんど言葉も交わさなくなる。アンドレアスはアンナに向かって斧を振り上げる。二人の間は決定的に裂かれてしまう。家畜小屋に何者かがガソリンをまき、それに火をつけ、多数の家畜が焼死する。

　この映画の題名につけられた〈パッション〉とは、情熱を表すと同時に、キリストの苦しみ、受難を表す言葉でもある。この映画では一体、誰の苦しみ、受難なのだろうか。ベルイマンはこの映画がアメリカに配給される際に、〈パッション〉という題名がアメリカでは著作権によって使えなかったので、別のアメリカ題名をつけるよう依頼され、〈アンナのパッション〉すなわちアンナの受難という題名をつけた。しかしそれは同時にアンドレアスの受難でもある。

アンナは翻訳家であり、かつてアンドレアスという名の夫と結婚し、子供が一人いた。この島で出会った男は、かつての夫と同じ名前である。アンドレアスはアンナの夫が自分と同名であることを、ハンドバッグの中から出てきた手紙を盗み読むことによって知る。その手紙には次のように書かれている。

「会わないのが一番だ。君に降参する。というのも、結局は君を愛しているからだ。しかし私が君に降参するのは、またひと悶着起こり、それが次には、恐るべき精神的ショックと、肉体的・精神的暴力を生むことを僕が知っているからではない。」

アンナと夫アンドレアスの関係は、島で知り合ったもう一人のアンドレアスの間にも生じる。肉体的及び精神的暴力が男女の間で起こる。初めは愛し合っていたにもかかわらず、二人の関係は破滅的な状態になってしまう。

エリスの家で四人が食事をする場面で、エリスの妻エヴァは、自分が子供の頃神を信じていたことを述べる。今でも信じているかというアンナの問いに、エヴァはあまり真剣に答えはしない。アンナの方は、ヨーハンが自殺をしたあと、祈りを捧げるが、アンドレアスにそれを下手な芝居だと言われてしまう。

邪悪な者の影

『受難』では、最初に小犬が誰かの仕掛けた罠にかかっている。アンドレアスはそれを助ける。次に羊が殺され、最後に羊や牛などの家畜が殺される。アンドレアスとアンナの間の関係は、その都度変化する。孤独に暮らしていたアンドレアスは小犬を助けた後、著名な建築家エリスとその妻エヴァ、そしてアンナと急に親しくなる。

羊がキリスト教においてシンボリックな意味をもつことは言うまでもない。羊殺しの嫌疑がヨーハンにかかり、彼が自殺した後、アンドレアスとアンナの関係は次第に変化してくる。そしてアンドレアスが斧を振りかざした後、家畜の焼死事件が起こり、二人は決定的に分離する。

この島で動物を虐待している者が一体誰なのか、全くわからない。最初の方で木の陰にわずかにそれらしき人物がぼんやりと見えるだけである。邪悪な者は確かに島の中におり、それがアンドレアス（そしてアンナ）の精神生活に強い影響を与える。

二人はともに、自分の過去の傷を引きずっている。アンナはかつて自分の運転する自動車で事故を起こし、自分は助かったが、夫と子供を失ってしまった。アンドレアスはかつて刑務所に入っていたことがある。肉体・精神的暴力から逃れて幸せに暮らせるはずであった二人の生活は、結局自らを傷つけるものになってくる。

実験的演出

『受難』においてベルイマンは、いくつかの実験を行っている。一つは四人の登場人物を演じる俳優たちが、映画の途中でそれぞれ自分の演じている人物について自分なりの分析を試みるというものである。それぞれの短い場面で映画『受難』は物語の進行を一時停止し、俳優のモノローグに変わる。

次にアンナの夢の中で、『恥』の続きの場面が使用され、『恥』と『受難』のつながりをはっきりと表現していることだ。『恥』が政治的暴力の現実を描いているのに対し、『受難』は個人的な肉体的・精神的暴力の現実を描く。

そして最後に『狼の時間』『恥』そして『受難』で男性主人公を演じたマックス＝フォン＝シュドウの同一性が問題とされる。最後の場面でベルイマン自身の声が「今度は彼の名前はアンドレアス＝ヴィンケルマンだった」と語る。つまり『狼の時間』のヨーハン＝ボルイ、『恥』のヤン＝ローセンベルイ、そして『受難』のアンドレアス＝ヴィンケルマンは、それぞれ異なった環境、状況、職業に生きている同一の人物と見ることができるのである。

一九五〇年代後半から六〇年代末までの数年間のベルイマン作品は、第二次世界大戦後の映画芸術の変貌期にあって、独自の芸術世界を作りあげた。五〇年代末は、フランスではヌーヴェル・ヴァーグと呼ばれる新たな映画観をもつ作品群が登場した時代である。その中核を作るゴダールやトリュフォーのような監督たちは、『不良少女モニカ』を初めとするベルイマン作品に大きく刺激された。そして古典的な映画の作法とは異なった、時代に対応した新しい手法によって若い人々の感性を前面に押し出していった。六〇年代の末までに、世界中でヌーヴェル・ヴァーグに応ずる新しい波の映画が作られていった。

ベルイマン芸術の円熟期

ベルイマンはこの時期に、彼の代表作ともいえる作品を次々に発表していった。それらの底には、これまでも見たように、非常に個人的な問題や体験が横たわっているにも関わらず、そしてスウェーデンの若い批評家たちからは、そのブルジョワ的イデオロギーがしばしば指摘されたにもかかわらず、真の芸術のもつ普遍性が存在する。神の沈黙について語る映画は、たとえキリスト教文化の枠外に住むものであっても、現代社会の中の大いなる不安を考えさせる作品となっているだろう。

六〇年代の後半に作られた一連の作品は、その内容上の奇妙さや謎に満ちた雰囲気によって、独特の感覚をもち、あるいは前衛性や実験性をもっている。そしてまた『ペルソナ』や『受難』の中では、テレビ画面に映されるヴェトナム戦争の暴力的場面があり、『恥』では戦争が、『狼の時間』でも寓意的ではあるが、外的世界からの恐るべき暴力が描かれている。

ベルイマンは、この時期に、決して芸術を社会と分離させてはいなかった。彼がとらわれている邪悪なものは、人の内側にいると同時に、現実的な実体のあるものとして、人の外側にも存在しているのだ。

Ⅳ　現代人の苦悩

新たな創作世界を求めて

フォール島にて

『鏡の中にある如く』のロケーションに使ったフォール島をベルイマンは非常に気に入り、『ペルソナ』でもこの島を撮影場所とした。この映画に出演したリヴ＝ウルマンとベルイマンは一九六六年からフォール島に住み始める。『狼の時間』『恥』『受難』もこの島で撮影された。

ベルイマンの初期作品から見られる隔離された場所、島、海などの要素は、こうしてベルイマン自身の私生活の環境として取りこまれるに至った。

一九六九年の春に、ベルイマンは一六ミリ・カメラで、フォール島に住む人々や島の自然に関する記録映画を約二か月かけて撮影した。一九七〇年一月一日に、スウェーデンのテレビは、このベルイマンの最初の記録映画『フォール島の記録』を放送した。白黒フィルムと部分的には色彩フィルムによって撮影されているこの映画で、ベルイマンは島の様々な人々にインタビューをし、彼らの仕事や日常生活について語らせている。

一九六九年にベルイマンは、テレビ用の脚本を一本書いた。『嘘』という題名のこの脚本は、ヤン＝モランデルの演出によって『聖域』という題名でテレビ放送された。この中でベルイマンは

『受難』のアンナと彼女の前の夫であるアンドレアスと同じ名前の人物を登場させ、中年の夫婦の間にある嘘を描いている。

ベルイマンのアメリカ映画

一九七〇年三月にストックホルムで開演された、ベルイマン演出によるストリンドベルイの『夢想劇』は、大好評でロングランを続けた。その最中の四月二六日、彼の父エーリック＝ベルイマンが亡くなった。四年前に母カーリンを亡くしたベルイマンは、最後になって父と和解した。かつてはベルイマンの作品に憎しみの対象として表現されていた父の映像は、ベルイマンの映画から消えて行くことになる。また同じ頃、五年間続いたリヴ＝ウルマンとの同棲生活も終わりを告げた。さらにアメリカのABCコーポレーションが新たに作った映画部門で、ベルイマン作品を製作することになった。

初めてスウェーデン語以外で作られたベルイマンの映画『ふれあい』は、スウェーデンを舞台にしているにもかかわらず、アメリカ人俳優エリオット＝グールドが出演したことと、ABCコーポレーションの出資によるアメリカ映画という体裁のために、最初から最後まで、スウェーデン人同士の会話も英語でしゃべられている。

病院で母の遺体に対面したカーリン＝ヴェルゲルスは、同じ病院で外国人の男性と出会う。カー

『ふれあい』

リンの夫アンドレアスは医師で、カーリンが出会った外国人は夫の患者であった。彼はロンドンからやってきて、教会の彫刻の調査をしている考古学者デイヴィッド＝コヴァクである。デイヴィッドは突然カーリンに愛を告白する。二人は急速に親しくなる。だがデイヴィッドは自己中心的であり、それが二人の恋愛関係を、束縛的なものにしてゆく。

匿名の手紙を受け取ったアンドレアスは妻がデイヴィッドと浮気をしていることを知るが、アンドレアスは妻の自己責任を尊重する。

デイヴィッドがスウェーデンを去った後、カーリンは彼を追いロンドンに行く。ロンドンの彼のアパートで彼女はデイヴィッドの姉に会う。そのころカーリンは妊娠していた。

スウェーデンで、カーリンはデイヴィッドに再会する。デイヴィッドは彼女に自分のところに戻ってくれるよう求めるが、彼女はそれを拒み、去って行く。

『ふれあい』の人間関係には、『受難』の中で見られたアンドレアスとエーヴァの束の間の恋愛関係に似たものがある。マックス＝フォン＝シュドウは『受難』と同じアンドレアスの名前でここに登場する。しかし今度は『受難』のアンドレアスの立場は、外国人考古学者のデイヴィッドが占める。彼はドイツ生まれのユダヤ人という設定であり、子供の頃にアメリカに渡った。この外国人がスウェーデンの中産階級の夫婦間に入り込み、夫から妻を奪う。

二人の子供を育てているカーリンは、職業をもたない家庭の主婦であり、特に夫に不満をもつこともなく毎日平穏な生活を送っている。だがデイヴィッドと知り合うことによって、カーリンは抑圧されていた性的欲望を表面に出す。デイヴィッドは自己中心的であり、時にその態度は暴力的となる。夫アンドレアスにはない、この性格がカーリンをデイヴィッドに惹きつけるものとなる。

夫と恋人という二人の男性の間を同時に生きるという女性の物語は、古典的なハリウッドのメロドラマに存在する類型であるが、ベルイマンの意図は、幸福そうに見える中産階級の夫婦の間に存在する危うさを描くことにある。しかしアメリカ流のメロドラマを求めるＡＢＣ側とベルイマンの意図は全くかみ合わなかった。出来上がった映画は、メロドラマとしてみるにはあまりに観念的で誰の涙も誘わないだろうし、観念的な劇としてみるには、あまりにも通俗的な男女の恋愛ドラマの設定が目立ちすぎる。ベルイマン自身、著書『映像』の中で『ふれあい』は『そんなことはここでは起こらない』とともに自分の作品の中で最低なものとして位置づけている。

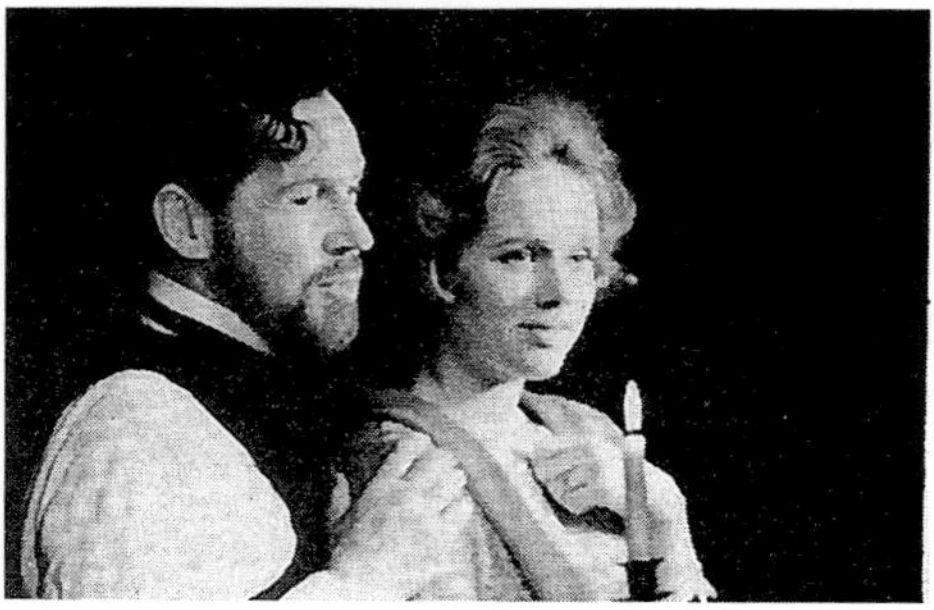
『叫びとささやき』

『叫びとささやき』

『ふれあい』以降、一九七九年の『マリオネットの人生より』を除くすべてのベルイマン作品は、色彩で撮影されている。『ふれあい』はアメリカ資本で作った映画ではあるが、全体がスウェーデンで撮影されており、スヴェン＝ニュクヴィストの色彩撮影も季節感をよく出しており、抑制された色で統一されていた『受難』に比べて鮮やかな彩りが強調されている。こうした色彩映像の特徴で見る限り、アメリカ資本によっても何らアメリカ化されているという印象は受けない。それどころか、こうした色彩的設計は、独創的な色合いで傑出している、次の『叫びとささやき』のための準備段階としても見ることができるであろう。

一九七一年一一月、ベルイマンは以前から知り合いであったイングリド＝カーレボーと結婚した。彼女は伯爵夫人であり、四人の子供の母親であったが、ベルイマンと結婚するために夫ヤン＝カール＝フォン＝ローセン伯爵と離婚した。

『叫びとささやき』の脚本は一九七一年の夏に完成し、秋までには製作計画がたてられた。ベルイマンの会社シネマトグラフは、この作品の製作資金として百五〇万スウェーデン・クローナを必要とした。そのうちの五五万クローナを、国立のスウェーデン映画協会が出資した。これはかなり低額予算であった。これ以降、外国の会社による出資を受けた作品は別として、ベルイマンはスウェーデンでテレビ局との共同製作以外の作品を作ることはなくなるため、『叫びとささやき』は実際上、ベルイマンがスウェーデンで劇場で上映するだけの目的で作った最後の作品ということになった。

一九世紀末頃のスウェーデンのブルジョワ家庭が舞台となる。この大邸宅には四人の女が住んでいる。長女のカーリン、次女のアグネス、三女のマリーア、それに召使いのアンナである。アグネスは末期の子宮癌患者で、ベッドに横たわっている。カーリンとマリーアにはそれぞれ夫がおり、召使いアンナには、子供がいたが、死んでしまって、彼女は今は一人でこの家族に仕えている。アグネスの容態が急に悪化し、彼女は死亡する。カーリンは偽善的な夫との自らのむなしい生活を省みる。

アグネスの死の翌日からカーリンは家財の整理を始める。神の恩寵について書かれたアグネスの日記を読んだカーリンは、長い間互いに反発し合っていたマリーアと和解しようとする。

夢とも現実ともつかない状況の中で、死んだアグネスが目覚め、カーリンとマリーアを近くに寄せようとするが、二人とも恐れのために逃げ出す。アグネスを受け入れたのは召使いのアンナで、アンナによってアグネスは息をひきとる。
カーリンとマリーアの夫たちは、アンナに謝礼を渡すことなく、暇を出す。アンナはアグネスの日記を読む。それには元気な時にアグネスが姉妹と庭を散歩した幸福な瞬間のことが書かれてあった。

ストリンドベルイとの関係

この映画の赤を基調とした色彩設計を見ると、ストリンドベルイの『赤い部屋』との関連が自然に出てくるかもしれないが、ベルイマン自身は、この映画を作る数年前に見た夢がこの作品の基になっていると述べている。それは大きな赤い部屋に白い衣服を着た三人の女がいて、彼女たちが何かをささやき合っている、という夢である。そしてこの映像が何度もベルイマンの中に立ち戻ってきた。夢に基づいているこの映画は、夢と現実、記憶の風景と幻影の境界がはっきりとつけられない作品になっている。

ストリンドベルイの戯曲と『叫びとささやき』の類似は明らかである。この映画は、かつての『沈黙』のように、室内劇の形式をもっている。すなわち、ほとんどの場面は、大邸宅の中で進行する。室内劇の創始者であるストリンドベルイの劇が意識されているとすれば、この形式は当然であろう。

人物の設定において、ベルイマンはストリンドベルイの『幽霊ソナタ』を借用している。病気に臥しているアグネスは『幽霊ソナタ』のアデールと同じく、母や姉妹の愛情を受けてはいない。カーリンとマリーアは結婚しているにもかかわらず、夫以外の男と浮気をし、それでも社会的体面には気を遣っている。

『幽霊ソナタ』の乳母にあたるのが『叫びとささやき』では召使いのアンナであり、彼女は献身的にアグネスに仕え、彼女が求める愛情を、カーリンやマリーアの代わりにアグネスに与える。

だが『叫びとささやき』の中の赤い部屋のイメージはいったい何なのだろうか。ベルイマンは、子供の頃より、魂の内側は赤い色をした薄い粘膜であると想像していた。このイメージは子宮に似ている。『叫びとささやき』の大邸宅は、母親の子宮のようでもある。リヴ＝ウルマンが二役で演じる母親は、この映画ではごく短く現れるにすぎないが、この大邸宅に生きる女たちの源泉を作り上げている。

聖処女アグネス

アグネスは子供の頃から母親を大変慕っていたが、彼女は母親の愛情をいつも妹のマリーアに奪われていた。だが実は母親の精神的な不安を唯一垣間見たのはアグネスであった。姉妹の中で唯一、結婚しなかったのはアグネスである。恐らくその人生の中で、彼女は一度も男を知ることがなかったのだろう。しかし彼女は今、子宮癌にかかっている。しかもその腹は妊娠しているかのように、膨れ上がっているのだ。

ベルイマンは処女のアグネスに白い衣服を着せ、カーリンには黒を、マリーアには赤を身につけさせることで、それぞれの人物の特徴を表している。カーリンは冷淡であり、マリーアは表面的にのみ表情を作る人物として描かれる。神を信じ、人生を必死で生きようとしたアグネスを理解しているのは、自らの子供を亡くし、今でも亡き子のために祈りを欠かさない召使いのアンナだけである。

あたかもキリストのように、死んだアグネスは復活し、アンナに抱かれて昇天する。カーリンとマリーアにとっては、死んだアグネスの復活はおぞましい以外の何ものでもない。

『叫びとささやき』の中で、男たちの影は薄い。夫たちも、医者も牧師も、何の力ももたない。この子宮の内部のような世界にあっては、生きるものは女たちから出てくるのだ。しかしベルイマンは、この映画から新たに誕生する生命を暗示することはないし、女たちが絶望的な苦しみを経て、何か新しい生命を得ると描いているわけでもない。

ここでは『鏡の中にある如く』で引用された、あの新約聖書の〈コリント人の手紙〉のモチーフがもう一度繰り返され、結局和解は曖昧な形のままで宙ぶらりんの状態にされる。アンナだけが、アグネスの日記から美しい記憶の永遠なる瞬間を知り得ただけで、すべては沈黙に帰してしまうのだ。

『叫びとささやき』が出演者たちの協力やスウェーデン映画協会の出資によって、どうにか製作できたという事実が示しているように、一九七〇年代に入るとスウェーデンにおいてベルイマンが劇場用映画を作るということには、大きな困難が伴うようになった。ベルイマンがスウェーデンの観客にあまり好まれる監督ではなくなってきたのがその第一の原因ではある。また映画産業自体の衰退にも一因があったことも事実であろう。いずれにせよ、もはやテレビ局の製作参加なしには、ベルイマンのような監督が映画を作ることは困難な状況になっていた。

連続テレビドラマの試み

連続テレビ・ドラマ『ある結婚の風景』がベルイマンによって作られたのは、こうした事情によるものである。このドラマは一九七三年四月一一日から五月一六日まで六回にわたりテレビ放送された。

〈第一話〉離婚専門の弁護士マリアンヌと大学の研究所で講師をしているヨーハンの夫妻は、婦人雑誌のインタビューを受け、結婚して一〇年になった彼らの夫婦生活について語る。二人の生活は順調で、何の問題もないことがここで語られる。

マリアンヌとヨーハンは、友人のペーターとカタリーナの夫妻を夜食に招く。ペーターとカタリーナは今や離婚の危機に瀕しており、マリアンヌとヨーハンの前でも大喧嘩をする。

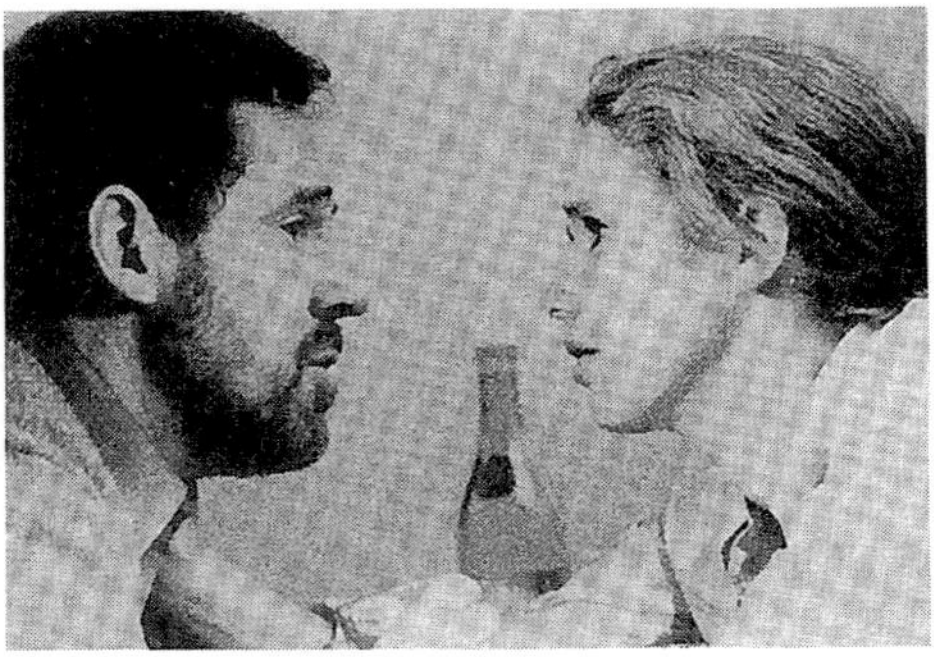
『ある結婚の風景』

ある日マリアンヌはヨーハンに自分が妊娠していることを告げるが、三人目の子供はいらないという結論に至り、病院で中絶する。

〈第二話〉マリアンヌは恒例となっている両親のもとでの日曜日の会食をやめ、日曜は夫と子供だけで過ごしたいと思っている。しかし次の日曜日も両親のところへ行かざるを得なくなる。

ヨーハンは研究所で同僚のエヴァから、自分の書いた詩の原稿を返される。エヴァはその詩を批判し、出版する価値などないと言う。

マリアンヌは、二〇年も結婚生活を続けてきた婦人の離婚相談にのっている。子供が成人した今、結婚している意味はない、とこの婦人は考えている。その夜マリアンヌは、ヨーハンと自分たちの生活について話し合う。

〈第三話〉サマーハウスに娘たちと来ていたマリアンヌのところに、ある夜突然ヨーハンがやってくる。彼は自分にはパウラという愛人がおり、明日自分はパウラと一緒にパリに行くと告げる。自分の仕事も持って行き、七、八カ月は帰らないだろうとヨーハンは語る。

翌朝ヨーハンは出かけ、マリアンヌは友人フレドリクに電話をかけて、ヨーハンがパウラという愛人を作ったことについて相談しようとするが、フレドリクはすでにそのことを知っていた。妻よりも友人に愛人のことを話していたということに、マリアンヌは怒りを露わにする。

〈第四話〉ある時ヨーハンがマリアンヌのもとを訪れる。彼はアメリカの大学の客員教授になれるかもしれないと言う。

マリアンヌは自分のことを分析したノートを読み始めるが、ヨーハンは眠ってしまう。夜になってヨーハンは帰宅する。

〈第五話〉離婚手続きの書類をもって、マリアンヌがヨーハンの研究所にやってくる。ヨーハンはすぐにサインせず、二人は会話を始める。次第に互いを非難する言い争いになり、最後にヨーハンは暴力を振るう。だがマリアンヌが帰ろうとすると、ヨーハンは書類にサインする。

〈第六話〉数年後マリアンヌは父が亡くなり一人になった母のもとを訪れ、父と母がどのような関係であったのかを聞く。

ヨーハンは同僚に新しい恋人のことなどを聞かれるが、曖昧な返事をする。彼は電話をかけ、マリアンヌとデートの約束をする。二人は車でサマーハウスに行く。二人だけの時間を味わうために、ヨーハンはフレドリクに電話し、彼の釣り小屋を借りる。今は互いに別々のパートナーをもつ二人は、結婚生活を続けていれば二〇年目のこの時を、誰にも知られない小屋で過ごすのであった。

個人的体験

この映画を作るまでに、ベルイマンは五回の結婚とリヴ＝ウルマンとの数年にわたる同棲生活を経験している。それ以外にも、幾人もの女性——彼の映画の主演女優を含む——と短い期間の同棲をしており、女性との生活は彼の創造上のエネルギーをも与えてくれるものであったかもしれない。最後まで連れ添ったイングリドを別にして、ベルイマンの人生の中では、ともに暮らしている女性に対して自分が他の女性を愛していると告白する局面は何度もあったであろう。『ある結婚の風景』は、こうした自分の体験や知人たちの体験に基づいて作られている。

十分に満足な結婚生活を送っているのに、自分が他の女性を愛していると告白せざるを得ないのなら、夫婦のこれまでの関係とはいったい何であったのか。自分たちが幸せだと思っているほど、自分たちの生活は本当に幸せだったのか。離婚した後に二人の関係はどうなるのか。こうした問いが、この作品の物語展開を構成している。

テレビドラマの長所

ベルイマンはあえて、テレビの連続ドラマが通常扱っているような家庭内の不和という陳腐な主題を選びながら、各回のエピソードの中でリヴ＝ウルマンとエルランド＝ヨーセフソンに徹底的に語らせ、映画の手法とは異なったテレビの映像の、より親密な映像と視聴者のつながりを意識した。

もともと五〇分のエピソードが六週にわたって、合計六回放映されたこの作品は、その後劇場用映画として再編集され、二時間四八分の映画として上映された。マリアンヌの中絶や母のもとに行って話を聞くマリアンヌのエピソードなど重要な部分が削除されたこの映画版は、テレビ版に比べて劣っている。登場人物の連続する会話や、エピソード間の時間上の飛躍など、テレビ的な演出が映画においてはうまく機能しなかったことも理由に挙げられるであろう。

ベルイマンが日常的な世界に起こる人間の間の諸問題を扱い始めたことに違和感を感じる者は確かにいるだろう。アメリカ資本で作った英語作品『ふれあい』がその始まりであったことは疑い得ない。これらの作品には、超越的な存在を期待したり予感したりする契機がなく、またコスチューム映画にあったような演出上の仕掛けにも乏しい。ベルイマンはもはや時間と空間を想像力で操り、精神や形而上学の問題と向き合う思想家ではなくなってしまったのだろうか。

『ある結婚の風景』は、ベルイマンにとってはしかしながら、大いなるチャンスでもあった。テレビは映画に比べて、圧倒的に多くの観客をもっている。しかもテレビの映像は、彼らの家庭の中に直接入りこんでいる。ベルイマンは『ある結婚の風景』によって、非常に個人的な体験から発して、大多数の人々が何も問うことなく漠然と感じている日常の夫婦生活の幸せに、大いなる疑問を投げかけた。人間関係を根本から問い直すための、一つの優れた手段として、ベルイマンはテレビを利用し得たと言えよう。

ベルイマンのモーツァルト

一九二五年に設立されたスウェーデン放送協会は、一九七五年に創立五〇周年を迎えることになった。これを記念して一九七五年一月一日に放映する予定で、放送協会はベルイマンにモーツァルトの『魔笛』のテレビ映画の製作を依頼した。『魔笛』はベルイマンが子供の頃から親しんでいたオペラで、彼は長い間これの演出を夢みていた。だがいつも実現には至らなかった。

すでに見たように、『狼の時間』の中で人形によって演じられる『魔笛』の一部があった。モーツァルトにとっては、芸術の偉大さによって死をも克服するものとして、『魔笛』はシンボリックな意味をもった。ベルイマンは『狼の時間』の中で、むしろ逆説的に、ヨーハン＝ボルイの絶望をこのオペラによって示した。だが念願の『魔笛』のテレビ映画化にあたって、彼はこの作品が本来もっている芸術や自然のもつ力を描いている。テレビ用映画として作られたとはいえ、『魔笛』は一般の映画館で上映されるのにも耐え得るスペクタクル的魅力を十分にもった作品として仕上がっている。

『鏡の中の女』

ベルイマンのシネマトグラフ社の次の企画『鏡の中の女』も、連続テレビ・ドラマとして製作された。イタリアの国際的映画プロデューサー、ディーノ＝デ＝ラウレンティィースがこの作品の製作に資本参加している。『ある結婚の風景』と同じく、エルランド

＝ヨーセフソンとリヴ＝ウルマンが主演の作品で、ここでもテレビの親密な特性を利用して、主人公の心の中が画面いっぱいに拡大される。

『鏡の中の女』

女性精神科医イェニーは、新築中の家の完成が遅れているので、夫が出張中、祖父母の住むアパートに同居している。彼女の祖父はかつては立派な学者であったが、今は体も弱り、古い写真を見たり、執拗に時計のネジを何度も巻いたりして時を過ごしている。祖母は彼の身の回りの世話をしている。

　イェニーは同僚ヴァンケル博士の妻エリーサベトのパーティーに行き、彼女の若い愛人に出会う。このパーティーの席でイェニーはトーマス＝ヤーコビ博士と知り合う。彼は偶然にも、彼女が目下診ている患者マリーアの義理の兄であった。二人はすぐに親しくなる。イェニーが新築した家に行くと、そこに自分の患者マリーアが倒れていた。見知らぬ二人の男がそこにおり、イェニーは暴行を受ける。

　トーマスとコンサートに行った後、彼の家に一緒に行ったイェニーは、自分の身にふりかかった出来事を彼に話す。

祖父母のアパートに戻り、眠りについた彼女は不気味な夢を見る。病院に運ばれたイェニーはさらに不思議な夢を見続ける。それは子供の頃の自分の記憶に関係している。

目覚めた彼女はトーマスに自分のことを語り、両親が事故死した後、祖母によって育てられた自分がいかに祖母を憎んでいたかを告白する。

トーマスと別れた後、イェニーのもとに娘のアンナが来る。アンナはイェニーが自分を愛さなかったと言い、彼女のもとを去る。その日の午後、イェニーは祖父が発作を起こし、もう助からないだろうことを知る。

他者に映された自分の姿

スウェーデンではこの作品は、一九七六年四月二八日から五月一九日まで、四回に分けてテレビ放送された。海外版は英語吹き替えで、若干短縮されて劇場公開されている。原題は『顔を互いに合わせて』というもので、前にも記したように、『鏡の中にある如く』と同様、新約聖書のコリント前書第一三章から取り出された言葉である。

この作品の中で、主人公イェニーは、他者を見ることによって自分と対面している。他者が鏡のようになって、自分自身を映し出すのだ。

イェニーが精神科医という設定は、この作品の主題をより明確にしている。彼女は患者の精神を分析してゆく仕事をしているのだが、それは同時に自分自身を分析することにもなっている。始めにイェニーはマリーアの容体を診るが、ここで彼女はマリーアだけでなく、自分も精神の支えが必要であることを認めない。そのすぐ後に、イェニーはこの映画の中にその後何度も登場することになる片目が見えない老婦人に出会う。この婦人はイェニー自身の自らに対する盲目を象徴している。

祖父母のアパートに行った彼女は、そこで過去に戻ろうとする祖父と、彼をいたわる祖母の姿を見る。次に同僚の妻のパーティー場面では、年若い愛人をもつ女の姿を見る。いずれもイェニー自身の心の空虚さが、これらの場面に鏡のように反映されている。

『鏡の中の女』は『ある結婚の風景』とは対照的に、その多くの場面を非合理的な夢によって構成している。新築の家で患者のマリーアが強姦されて倒れており、自分も暴行を受ける場面は、あたかも現実のように描かれるが、これも恐らく夢に違いない。幼い頃に衣装箪笥に閉じこめられる夢を見、ついに自分が祖母に憎しみをもっていると狂乱の中で自己分析するイェニーの姿には、夢や記憶を寓意的に使って自分の精神分析を行う、あのベルイマンが蘇っているようにも見える。

このテレビ・ドラマの一番最後の場面で、歩道で再び出会ったあの片目の見えない老婦人に対して、イェニーが優しく声をかけ、腕を取って道路を横断するのは、ベルイマンがこの女主人公の将来に対して、何らかの積極的な姿勢を与えていることを意味している。病院を退院し、過去にしがみついていた祖父の死が予期されたことで、そして狂乱の中に自分自身の内的苦悩を明らかにしたことで、イェニーは新たな精神生活に踏み出すことになる。

こうしたポジティヴな幕切れは、同様に悪夢の連続が支配的である『狼の時間』のような作品には見られなかった。新約聖書のコリント前書が述べているように、顔と顔を合わせることによって、自分自身を知り、愛が生まれるのだろうか。『ある結婚の風景』や『鏡の中の女』にある幕切れの希望や愛は、テレビの視聴者たちを不安の中に巻きこみながら、最後には調和を与えるという、ベルイマン一流のレトリックなのかもしれない。

スキャンダル

一九七五年九月に、ストックホルム大学はベルイマンに哲学の名誉博士号を与えた。ベルイマンの名声は絶頂にあった。ところがその数か月後、その名声はスキャンダルによって揺らぐことになってしまう。

一九七六年一月三〇日、ベルイマンはストックホルムの王立劇場で、ストリンドベルイの『死の舞踏』のリハーサルを行っていた。そこに二人の警察官がやってきて、ベルイマンを連行した。容疑は一九七一年までさかのぼる脱税の罪である。ストックホルムの彼のアパートも家宅捜索され、パスポートやその他の書類が押収された。ベルイマン自身は三時間の尋問を受けた後、帰宅を許された。

警察当局はベルイマンがスイスに設立したペルショナ社という会社が、スウェーデンで支払わなければならない税金から逃れるために使われていると判断した。

ベルイマンはスウェーデン本土から出ることを禁じられ、フォール島の彼の家にも戻れなくなった。神経衰弱のために倒れた彼は、カロリンスカ病院に入院した。

三月になってベルイマンの脱税に関する容疑は晴れたが、今度は税務当局が一九七四年度の税金に対して追徴課税を課してきた。こうした事態に嫌気がさしたベルイマンは、四月にスウェーデンを去ると宣言して、妻とともにパリに行った。その後ロサンゼルス、ニューヨーク、ベルリン、コペンハーゲン、オスロと各地を転々とし、『蛇の卵』を撮影するためにミュンヘンに住居を定めたのは一九七六年の九月のことであった。

ドイツでの映画製作

ドイツはベルイマンにとって、かつてヒトラーの時代に交換学生として滞在した国であり、また一九七六年の八月にはフランクフルト・マム・マインでゲーテ賞を授与されたこともあって、かなり親しみをもつ国であった。アメリカ資本で作った『ふれあい』も、スウェーデンで撮影されたために、『蛇の卵』はベルイマンにとっては、初めて外国で製作する映画となった。これはディーノ＝デ＝ラウレンティースと西ドイツの会社リアルト・

『蛇の卵』

フィルムの共同出資で作られた。

一九二三年一一月三日土曜日から一一月一一日日曜日にかけて、ベルリンでサーカス芸人アーベル＝ローゼンベルクの身に起こった出来事がこの映画の内容である。

彼が家に戻ると兄マックスがそこで死んでいる。警察に出頭した彼は、ユダヤ人かどうか質問をされる。その後キャバレーに行き、彼は兄マックスの妻マヌエラと会う。

死体置き場に呼び出されたアーベルは、数多くの不思議な死にかたをした遺体を見る。刑事バウアーはアーベルを疑い、彼を留置所に入れる。

釈放されたアーベルはキャバレーへ行く。そこにヴェルゲルスという人物が現れる。彼はアーベルとマヌエラのために聖アンナ診療所が所有する小さな部屋を見つけていた。アーベルは診療所の資料室で働くことになる。資料にはヴェルゲルスが人間に対して行った奇妙な実験について書かれてある。

マヌエラが部屋で死んでいるのを発見したアーベルは鏡を割り、そこにカメラが仕掛けられているのを見つける。ヴェルゲルスが人々を狂気に導き、そして自殺させていたのだ。警察が来る前に、ヴェルゲルスは青酸カリを飲んで自殺する。

ヒトラーのミュンヘン蜂起は失敗する。アーベルはスイスへ出国できることになるが、駅へ向かう途中、行方不明になる。

一九二〇年代の悪夢

ミュンヘンのバヴァリア・フィルムのスタジオには、一九二〇年代のベルリンの街並みが再現された。リヴ＝ウルマンは西ベルリンのナイトクラブを訪れ、キャバレー場面の雰囲気をつかもうとし、俳優たちは一九二〇年代のドイツ映画を見て研究した。

歴史的背景の中に非人間的な狂気を描こうとするベルイマンの意図はある程度成功しているが、一九二〇年代のドイツの雰囲気を再現することに気を配りすぎたためか、人物の内面描写がこれまでのベルイマン作品に比べて希薄になっている。隠された心の中を顕微鏡で拡大して見せるような、ベルイマン的な室内劇の方法は、ここでは全く姿を消してしまっている。

注目すべきことは、ベルイマンの映画にこれまで何度も出てきたヴェルゲルスという人物が、ここでは人間をモルモットにして実験をし、彼らを死に追いやっていることだ。『魔術師』においては医者であり、科学的知識によってのみ物事を判断する一方、魔術師の妻を自分の愛人にしようと試みるのがヴェルゲルスであった。この科学と道徳の間に立つ男は、結局のところ自らを倫理的規範から逸脱させてしまう。

『蛇の卵』では、インフレーション時のドイツという、不安が日常を支配していた時代における、ある男の悪夢のような体験が描かれている。ベルイマン自身はこの世界を、ドイツに必然的に生じたものではなく、どの国にでも生じ得る世界として描きたかったようだ。そして彼自身が、舞台のリハーサル中に突然警察に連行されるという異常な体験をしたばかりであり、『蛇の卵』の中に、カフカ的ともいえる不条理な感覚があるとすれば、それはこの体験が反映しているであろう。

イングリド＝バーグマンを迎えて　ベルイマンの次の作品『秋のソナタ』は、彼がミュンヘンに設立したペルシヨナフィルム社の製作になるものだが、撮影はオスロのノースク・フィルムのスタジオで行われた。また、撮影の始まる前に、ベルイマンはスウェーデン映画協会のスタジオでこの作品のリハーサルを行っており、スウェーデン出国後、オフィシャルにはこれが初めてベルイマンがスウェーデン本土に足を踏み入れた時ということになる。

『秋のソナタ』はハリウッドで成功したイングリド＝バーグマンが久しぶりにスウェーデン語を話す映画となった。またこれは二人のベルイマン（〈バーグマン〉は〈ベルイマン〉の英語読み）が組んだ初めての作品ということでも話題になった。

田舎の牧師館の一室で、エヴァはピアニストである母シャルロッテにあてた手紙を書く。二人はもう七年間も会っていない。
数週間後、シャルロッテがこの牧師館にやってくる。再会を喜び合った二人であるが、エヴァの妹で、身体に障害のあるヘレーナがこの牧師館に住んでいることを知ると、シャルロッテの様子が変わる。

『秋のソナタ』

母のすすめでエヴァはショパンのプレリュードを弾くが彼女は上手には弾けない。シャルロッテは、初めはエヴァの演奏をほめるが、エヴァに問いつめられると、プロの演奏家の観点から批判をする。
エヴァには四才で亡くなったエーリックという子供がいた。彼女の心は今も、この亡くなった子供とともにある。
夜、眠りから覚めたシャルロッテと、起きてきたエヴァは、これまで互いに語ることがなかった本心を語り始める。シャルロッテはエヴァに母親らしい愛情を示すことなく、エヴァは彼女に憎しみさえ抱くようになった。シャルロッテは娘の言葉に、今さらながら自分に母親としての温かさが欠けていたことに気づく。

シャルロッテが帰った後、エヴァは母親へ、先日の言い争いを詫びる手紙を出す。

苦悩という主題

芸術家が家族、とりわけ自分の子供たちを振り返ることなしに、仕事に取り組むことによって、子供たちに愛情を与えることが出来なかったという話は、ベルイマンの個人的な問題から発しているように見える。映画の中でピアニストであるシャルロッテの娘はレーナ（ヘレーナの愛称）とエヴァだが、それはベルイマン自身の二人の娘の名前と同一である。

しかし『秋のソナタ』は単なるベルイマンの個人的問題にとどまっている作品ではない。状況は部分的に『鏡の中の女』に似ている。すなわち『鏡の中の女』でも、主人公の精神科医は幼年期に受けた精神的外傷を現在でも引きずっており、自己分析によってそれが何であったのかを明らかにする。

身体障害者であるヘレーナ（レーナ）は、この映画を象徴的な次元で見るならば、心に押しこめられたエヴァの苦しみである。ヘレーナの言葉を理解できるのはエヴァだけである。母親シャルロッテは、ヘレーナから目をそらすことによって、自分の娘が受けている苦痛に背を向ける。

この映画に登場する女たちは、それぞれに苦悩をもっている。シャルロッテはエゴイストで、何でも自分の思い通りに行って来た。彼女はそれによって犠牲とされたものの苦悩を初めて知るのだが、実は彼女自身が身体的な痛みや創造上の苦悩を人生の中で引きずってきたのである。

エヴァの夫は牧師であり、この映画の導入部で、映画の観客に向かって語りかけ、自分の側からエヴァという女性のことを紹介する。キリスト教では内面的な問題を相談する相手は、かつては牧師であった。しかしこの映画では、牧師は仲介者にすらならない。ただそこにいて傍観するだけである。彼はエヴァがシャルロッテに宛てた手紙の内容を見るが、そこには母と娘の社会的なつながり、表面的な関係があるだけである。二人の女の隠された心の中は、二人の女の間の葛藤を通してのみ明らかにされるのだ。

『秋のソナタ』も基本的には室内劇的な構成をとっている。登場人物はごく限られた人数に限定され、アクションは出来る限り抑制され、出来事は主として人物間の会話によって進行してゆく。必然的にクロース・アップが多く用いられる。これはベルイマンがテレビ・ドラマ用に意識的に使用した方法であったが、『秋のソナタ』のような劇場用映画においても、この方法が使われているところに、ベルイマンのこの時期の作品の特徴がある。

一九七六年の夏、密かにフォール島に戻ったベルイマンは、一九六九年に作ったドキュメンタリー映画『フォール島の記録』の続編を撮影しようと企画した。一〇年間でこの島がどのように変わったかを記録するためである。翌年秋から二年間にわたって、カメラマンのアルネ＝カールソンによって島の生活が記録された。この作品は二時間の記録映画『フォール島の記録一九七九』として一九七九年のクリスマス・イヴにスウェーデンのテレビで放映された。

『マリオネットの人生より』

一九七九年の七月八日にベルイマンは『ファニーとアレクサンデル』の脚本をフォール島の自宅で仕上げたが、この作品の撮影に取りかかる前に、ドイツに戻って『マリオネットの人生より』を製作した。『ある結婚の風景』の第一話に登場した、離婚の危機に陥っているペーターとカタリーナの夫妻の物語を発展させ、それを全く新たな設定に変え、この作品は出来上がっている。夫妻の名前と惰性的結婚生活のみが残っているだけで、『マリオネットの人生より』はその他の点では『ある結婚の風景』の第一話に出てきた人物とは関係をもたない。

三〇代の男ペーター＝エーゲルマンが、一人の売春婦を殺害する。殺人を犯す前に、彼は精神科医のモーンス＝イェンセンに、自分が妻カタリーナを殺したい衝動に駆られていると語る。ペーターはイェンセンのアパートに身を潜め、イェンセンと自分の妻が浮気をしている現場を盗み見る。ペーターとカタリーナの結婚生活に潜在的にあった危機が、はっきりと見えるようになったのは、ペーターが彼女を母親との昼食に誘った際に、彼女がそれを拒絶して以来であった。カタリーナはペーターと共通の友人であるティムは、彼女に同性愛者のかかえる問題などを語る。

ペーターに、後にペーターが殺害することになる売春婦を紹介したのはティムであった。この売春婦は、偶然、ペーターの妻と同じ名前でカタリーナという。

カタリーナを殺した後、ペーターは医療刑務所に入れられる。自分一人の世界に閉じこもった彼は、まるで子供に戻ったかのようである。

『マリオネットの人生より』

糸を操る者たち

売春婦の方のカタリーナにベルイマンはクラフトという姓をつけている。ドイツ語で〈力〉を表すこの言葉は、ストリンドベルイの使う〈マクテルナ〉、すなわち破壊する闇の力であり、それは人形師としてマリオネットの糸を操る運命の力にもなる。

ベルイマンがペーターの妻と売春婦の両方に同じ名前をつけたことは、この映画の主題に関係してくる。妻カタリーナは、ペーターに対して母のように接している。それが彼を不能者にしているのだ。不能を克服し、快楽を得るには、女の優位にたち、女を操らなくてはならない。ペーターは妻を殺すという夢を、売春婦を殺すことによって実現する。売春婦を買ったペーターは、一夜限り女に対して自分が優位にたつことが出来る。しかし不能は克服されず、彼女は殺害される。

母親に対するコンプレックス、すなわちエディプス・コンプレックスがペーターを支配している。カタリーナを性的に満足させられないことは、ペーターの自らの母親に対するエディプス的結びつきによって生じている。しかも母親も妻も、その力によってペーターをマリオネットのように操り、彼を無力化させているのだ。

ペーターの精神の問題を、性を核とした人間関係でとらえ、まさしく実存主義的な理由なき殺人を精神分析的に解明してゆくのがこの作品の主題である。初めに殺人が起こり、その時を起点として、それ以前の出来事とそれ以後の出来事が、個々バラバラに独立した場面として見せられる。その語りの手法は推理小説的でもあるが、私達が探り出さねばならないのが精神の問題であるために、そこにはフロイトによる夢解釈の推論のような難解さがある。

『マリオネットの人生より』は最初と最後の数分間のみが色彩で撮影され、それ以外のすべては白黒で撮影されている。色彩部分はペーターが売春婦を殺すところと、刑務所の中で横たわるペーターの場面であり、いわば現実的な行為と結果がそれによって描かれている。それ以外は観客が探り出すべき解釈のための場面であり、それが白黒の夢幻的な質の世界で表現されている。『鏡の中の女』や『秋のソナタ』の室内劇的な緊密さをもって抑圧された心の中を暴くような作品というより、同じくドイツで撮影した『蛇の卵』のような、映像による迷宮の中で、自分を見失ってゆく人間の苦しみを描いていると言ったほうがよいかもしれない。

自らについて語ること

『ファニーとアレクサンデル』　ベルイマンは重苦しい主題をもった数多くの作品を作り続けてきた。一九七〇年代だけに限っても、楽しさのある映画はわずかに『魔笛』のみで、その他すべての作品は観客の心を重くした。ベルイマンの友人でもある映画監督のシェル＝グレーデがベルイマンに、なぜ君のような人生を楽しんでいる人間がそのような映画ばかり作るのかと尋ねた時に、ベルイマンは自分の映画人生の最後を飾る作品は、これまでとは異なった、不健全なもののないものにしようと考えた。こうして一九七九年に脚本を完成させた『ファニーとアレクサンデル』は一九八一年の九月に製作が開始された。

二〇世紀初めのウプサラ。ヘレーナ＝エクダールが一族を招いてクリスマス・パーティーを開く。ヘレーナは劇場主の未亡人であるが、劇場の運営を長男オスカルとその妻エミリエに譲っている。オスカルとエミリエの間には一〇才のアレクサンデルと八才のファニーという子供がいる。

ヘレーナの次男カールはノイローゼ気味の大学教授で、ドイツ人妻リディアと始終言い争いをしている。三男のグスタフ＝アードルフは快楽主義者で、パーティーのあった夜も乳母のマイと浮気している。ヘレーナは古い友人イサク゠ヤーコビの相手をしている。『ハムレット』の稽古中にオスカルは倒れ、死んでしまう。夫の死後、エミリエは司教エドヴァルド゠ヴェルゲルスと再婚する。だが司教はエミリエと彼女の子供たち、特にアレクサンデルに厳格な規律を求める。反抗するアレクサンデルは、厳しく罰せられる。妊娠したエミリエは、司教に軟禁される。

ある日イサク゠ヤーコビがやってきて、アレクサンデルとファニーを司教のもとから救い出す。イサク゠ヤーコビのところでアレクサンデルは、イサクの甥イシュマエルを知る。彼は透視能力を持つ不思議な人物である。イシュマエルは、司教に対するアレクサンデルの憎しみを集中させ、遠くから司教の死を引き起こすことに成功する。実際は司教の寝たきりの叔母がランプをひっくり返して、火災が起き、司教も焼け死んでしまったのだ。

エミリエはアレクサンデルとファニーとともにエクダール家に戻る。

『ファニーとアレクサンデル』は二時間四五分の短縮版が一九八二年一二月一七日よりストックホルムで公開され、その一年後に五時間版が公開された。五時間版は全体が四つのパートに分けられて、テレビ放映されている。さらにベルイマンが『ファニーとアレクサンデル』を演出している模様は、アルネ゠カールソンによってビデオ・カメラに収録され、これは『ファニーとアレクサン

『ファニーとアレクサンデル』

デルの記録』という作品として、一九八六年にスウェーデンでテレビ放映された。

イプセン的家族模様

イプセンの『野鴨』のエクダール家と同様に、『ファニーとアレクサンデル』のエクダール家は、人生についての幻影によって自分たちを慰めている人々である。『野鴨』のエクダール家より社会的地位の高い彼らは、現実を耐え忍ぶために現実を美しく飾る。家族クリスマスの集まりは、そのための最大の儀式でもある。家族も使用人も同じテーブルにつき、豪華な食事をともにし、人生の楽しさについて語り合う。

エクダール家が劇場の経営を行っていることは、シンボリックでもある。ベルイマンにとって演劇や映画が人生の幻影を作る場所であったように、エクダールの人々にとっては生きるという現実そのものが劇のような世界を作っているのだ。

『ファニーとアレクサンデル』には、この題名が示すように、子供の目から見られた大人たちの世界が描かれている。ファニーのほうは、特に大きな役割を演じない。中心になっているのは、子供の頃のベルイマン自身の分身とも見られるアレクサンデルのほうである。

物語は大きく二つの部分に分けられる。前半はエクダール家の人々の人生模様を描き、オスカルが死んでエミリエが司教と結婚して以降が後半部分にあたり、とりわけアレクサンデルの内面描写に力点が置かれる。

サガの伝統

こうした一族の運命についての物語は、セルマ＝ラーゲルレーフを代表として、一九世紀から二〇世紀初めのスウェーデン文学の大きな核を築いた〈サガ〉――その源泉は北欧神話にある――の伝統に基づいており、スウェーデンの無声映画時代には、こうした現代のサガともいうべき小説が、かなりの数映画化されていった。ベルイマンはそうした文学的伝統の中に、一〇歳の少年アレクサンデルの目を通した、自分の記憶の映像を重ね合わせてゆく。ベルイマン自身の少年時代にそっくりの少年がアレクサンデル役に抜擢されているし、ヘレーナ＝エクダールは祖母のアンナのイメージを保持している。さらにベルイマンが好きだった足の不自由な乳母のマイは、映画の中でもそのままの名前で登場する。

登場人物たちが表すもの

アレクサンデルに厳しい罰を与える、母の再婚相手の司教は、ベルイマンの父エーリックのイメージをもっている。しかし司教を父エーリックと完全に一致させているわけではない。ベルイマンはエーリックと和解して以降の作品の中で、かつての嫌悪すべき権威の象徴としての父及びキリスト教といったシンボル的存在を、もはや登場させはしなかった。ベルイマン自身は、アレクサンデルよりもむしろ司教の中に、自分のイメージがたくさんあると語っている。

司教はアレクサンデルの欲望を罰するものとして、憎まれるべき自己の代理として存在している。それはベルイマンにとって、自分の中にある悪魔であると同時に、欲望の検閲者でもある。

『ファニーとアレクサンデル』の中では、アレクサンデルが体験する幻影以外に、一人の謎めいた人物が登場する。それは映画の最後のほうに登場する、イサクの甥イシュマエルである。彼は両性具有的存在であり、男の役を演じてはいるが、それは女優によって演じられる。男と女を結合させる働きをする彼は、アレクサンデルの女性化した同一性として見ることもできる。

『ファニーとアレクサンデル』はアメリカのアカデミー外国語映画賞を初めとして、数多くの賞を受賞した。そしてこの映画を最後にしてベルイマンは映画からの引退を発表した。

劇場用映画の監督としてはもう仕事をしないと宣言したベルイマンではあったが、その後もテレビ・ドラマの演出を精力的に行い、さらに他の監督のために、自伝的な映画脚本を書いてもいる。

母の思い出

引退宣言後、一九八三年にベルイマンは『カーリンの顔』という一五分ほどの短編映画を作った。これはベルイマンの母カーリンの顔を古い写真によって構成した作品である。ベルイマンは母の死に立ち会えなかった。ベルイマンが病院に着いたときに、彼女はもう死んでいた。この状況を彼は後に『ふれあい』の冒頭部分、ビビ＝アンデルションが病院に駆けつけるが、母はすでに亡くなっているという場面で再現している。

『カーリンの顔』はベルイマン家の家族のアルバムから、初めは母の写真、そして父の写真、さらにはベルイマン自身や兄ダーグの子供の頃の写真などが選ばれて撮影された作品である。ナレーションの声は全くなく、無声映画のように中間字幕が写真の説明をし、ケービ＝ラレテイによるピアノの伴奏が静かに聞こえるだけである。『ファニーとアレクサンデル』が描いている頃の時代に撮影された、母カーリンや父エーリックの若い姿は、何とも不思議な感動を与えてくれる。

『リハーサルの後で』

一九八三年に、ベルイマンは自社の企画によるテレビ・ドラマも一本製作している。『リハーサルの後で』である。これはリハーサルを終えた後、演出家が若い女優と落ち目の女優の二人と演劇や人生についての会話をするという作品である。

演出家にはヘンリク＝フォーグレルという名前がつけられている。彼はストリンドベルイの『夢想劇』のリハーサルを終え、舞台装置に腰を下ろし、インドラの娘の役を演ずることになっている

『リハーサルの後で』

女優アンナ＝エーゲルマンと語り合う。アンナは自分の亡くなった母ラケルが、フォーグレルと関係をもっていたのではないかと疑っている。

同じステージ上にラケルが訪れる。これは明らかに過去の場面である。いまや落ち目になった女優のラケルは、フォーグレルを誘惑するが、彼は拒絶する。過去の場面が展開している間、アンナ＝エーゲルマンは身じろぎ一つせず、座っている。

『リハーサルの後で』は最初から最後まで同一の舞台上で進行するため、一幕ものの芝居を見ているような印象を与える。『野いちご』におけるように、過去と現在が同一の空間上で展開される手法は、テレビというメディアにおいては理解するのが難しく、ベルイマンのこの手法はむしろ舞台もしくは映画で実現されるべきものであろう。

『二人の祝福されし者』

一九八六年にベルイマンは、『女はそれを待っている』や『処女の泉』でともに仕事をしたウッラ＝イサクソンの脚本によるテレビ・ドラマ

『二人の祝福されし者』を演出した。

ハリエット＝アンデルション扮するヴィーヴェカ＝ブルマンは、ウプサラの大聖堂の中でスーネという男性と知り合う。七年後、二人は結婚している。かつては神なしで生きることは出来ないと言ったヴィーヴェカは、今では夫が浮気をしているのではないかという恐れと、自分の身に迫っている目に見えない危険への不安によって、神に対する信仰をなくしている。

右目に損傷のあるヴィーヴェカはサングラスをかけ、目を描いた不気味な絵を何枚も所有している。精神病の病歴のある彼女は、次第に錯乱してゆき、天井から毒がたらされているという幻覚をもつ。夫のスーネは神の助けを依然として信じている。

二日間も何も食べないでいた二人だが、スーネは食べ物を求めに外出する。その間ヴィーヴェカは夫がナイフをもって自分を殺すと言って警察に電話をかけ、結局精神病院に入れられる。

夫婦は一心同体であることを信じるスーネは、自分の右目を傷つけ、ヴィーヴェカを病院より救い出す。家に戻った二人は睡眠薬を飲んでガスの栓を開き、自殺する。

『リハーサルの後で』が一幕ものの芝居の記録のような形式をもったのに対し、『二人の祝福されし者』は一般的なテレビ・ドラマの形式で進行してゆく。主人公の女性ヴィーヴェカは、以前もっていた信仰をなくしている。これに対してその夫スーネのほうは、神に対して懐疑的であったが、ヴィーヴェカを通して、信仰は堅固なものとなる。

妻が精神的に錯乱していっても、スーネは〈愛はすべてのものに打ち克つ〉と自ら書いて、妻の苦しみを共有しようとする。この神がかり的な夫妻に対して、近所の人々は〈二人の祝福されし者〉と嘲笑をこめて呼んでいるのである。

神に対する接近は『処女の泉』の場合と同じく、ウッラ＝イサクソンの思想が強く見られる。一九七〇年代以降のベルイマンの作品では、人間と超越的な存在の関係というのはほとんど問題にならず、むしろ人間同士の間のコミュニケーションの絶望的な状況が問題とされる。ベルイマンの手法においては、人々の心の底にある欲望や傷や不安が、精神分析的に暴かれる。それがこの一〇数年間のベルイマンの映画の傾向であった。

『二人の祝福されし者』には、イサクソンの脚本によるものであるためか、そうした精神分析的アプローチが不在である。家の中に籠もって、次第に錯乱してゆく妻の異常な言動は、かつてのベルイマンのテレビ・ドラマにあったようなリアリティーをもってはいない。

自伝的映画脚本

一九九二年にベルイマンは、自分のルーツを描く二本の映画脚本を書き、それらは別の監督によって映画化された。一本はビレ＝アウグストによって作られた『愛の風景』、もう一本はケービ＝ラレテイとの間に出来たベルイマン自身の息子ダニエル＝ベルイマンの監督による『日曜日のピュ』である。

『愛の風景』は自分の父と母についての映画であり、彼らが出会った一九〇九年から、ベルイマン自身がこの世に誕生する直前の一九一八年の初夏までの一〇年間を描いている。『日曜日のピュ』は『愛の風景』の続編ともみなし得る作品で、幼い日のベルイマン自身を表している少年ピュが主人公となる。

ベルイマン自身が監督した『ファニーとアレクサンデル』に比較して、両作品とも魔術的魅力には乏しいが、一九九〇年代に入って、ベルイマンが二〇世紀の初めという時代を特に意識していることをこれらの作品は語っている。それは単に自らの創造の源泉としての父母の記憶や、子供時代の映像というだけではない。その後の時代には失われていった何かがこの二〇世紀の初めには存在していたのである。それはいわゆるベル・エポックの最後の時期だが、それは一九九〇年代のベルイマンには何を意味したのだろうか。

イェオイ゠アフ゠クレルケル

その答えは、その後に作る二本のテレビ・ドラマの中にあるように思える。ベルイマンは一九九四年に『最後の叫び』というテレビ・ドラマを作った。スウェーデン語では——ドイツ語やフランス語でもそうだが——〈最後の叫び〉という表現には〈最新流行〉という意味もある。この作品はスウェーデンの無声映画時代に映画監督として作品を作ったイェオイ＝アフ＝クレルケル（一八七七―一九五一）を主人公としている。

ストックホルムのスウェーデン映画協会は、映画保存所をもっており、ここには現存するすべての古いスウェーデン映画が保管されている。ベルイマンはフォール島の自宅に映写室をもち、スウェーデン映画協会の特別の計らいで、古典的映画を借りてきては上映していた。その中にあったのが、イェオイ＝アフ＝クレルケルの作品である。

スウェーデンの無声映画といえば、ヴィクトル＝シェーストレームとマウリッツ＝スティルレルの二人の監督に代表されてきた。クレルケルの名前は確かに知られてはいたが、実際の作品はごくわずかしか上映されることがなかった。しかし一九八〇年代後半から、スウェーデン映画協会の手によって、彼の作品の古いネガから新たなフィルムが焼き付けられ、数多くのクレルケルの作品が美しいプリントで見ることが出来るようになった。ベルイマンは名前しか知らなかったクレルケルの作品を実際に見て驚嘆した。それまで埋もれていた驚くべき映画がそこにあったからである。ベルイマンは短い間に沢山の映画を作り、突然歴史から消えてしまったこの人物に関心を抱き、『最後の叫び』をテレビ・ドラマとして作ったのである。

一九一二年に、スヴェンスカ・ビオ社の社長チャールズ＝マグヌッソンは、自社の映画を作る監督として、シェーストレームとスティルレル、そしてクレルケルを雇った。このうちクレルケルだけは一九一五年にイェーテボルイに移り、そこに出来た新しい映画会社ハッセルブラッド社の製作主任となり、ここで数多くの映画を作る。だがハッセルブラッドの映画製作部門は一九一八年にその活動を停止させる。この会社からはまもなくスカンディアという映画会社が生まれ、それが一九一九年にスヴェンスカ・ビオ社と合併して、スヴェンスク・フィルムインドゥストリが出来るのである。ベルイマンの『最後の叫び』はそこから始まる。

一九一九年のある日、スヴェンスク・フィルムインドゥストリの社長チャールズ＝マグヌッソンのオフィスに、イェオイ＝アフ＝クレルケルがやってくる。かつての上司であったマグヌッソンにクレルケルは古き友人のように語りかける。映画監督の職を失ったクレルケルは、自分がこれまでイェーテボルイの映画会社でいかに優れた作品を作ってきたかを説明し、実は新しい映画の脚本があるので、それを映画にしないかと売り込む。それはマルキ＝ド＝サドの『ジュスティーヌ』の映画化という企画である。だがマグヌッソンがもはや自分を必要としないことを知ったクレルケルは、大芝居を打ち、ピストルを突きつけ、マグヌッソンを撃った後に自分も自殺すると脅す。しかしピストルは実際には本物ではなく、ライターであった。自分の時代は終わったことを悟ったクレルケルは、道化師のようにマグヌッソンのオフィスを去る。

ベルイマンはクレルケルを道化師として描く。彼は登場するときと退場するときに、道化師のつけ鼻をつけている。そしてマグヌッソンの前で、まさしく時代がかった見世物芝居を始める。約一時間の放映時間中、彼は最初から最後までほとんど一方的にしゃべる。マグヌッソンの言葉はその間、ごくわずかである。

場面はマグヌッソンのオフィスだけであり、一幕ものの芝居のような構成になっている。しかしプロローグにベルイマンは、スウェーデンの無声映画のいくつかの作品の場面を紹介して、彼自身のナレーションで、この時期のスウェーデン映画の重要性について語る。この中でシェーストレームやスティルレルの作品以外にクレルケルの作品のいくつかの場面も紹介されている。

無声映画の雰囲気を出すために、全編セピア色のこのテレビ・ドラマは、これまでのベルイマンのテレビ・ドラマとはかなり異なる。そこには時代に取り残された芸術家の、道化師のような滑稽な姿がある。

映画の古き良き時代

ベルイマンにとって、過去の映画、とりわけ無声映画は、大きなインスピレーション源でもあった。『野いちご』には、ドイツ表現主義映画を見ているような夢の場面があった。『牢獄』では主人公が、古い映写機と古いフィルムを見つけてそれを上映した。『最後の叫び』のクレルケルは、自虐的であり、酒を飲み、下手な芝居をし、自ら道化師となるが、ここにこそ芸術家の姿がある。ベルイマンは、クレルケルは〈不思議なほどに驚嘆的だ〉と述べている。

一九九五年、ベルイマンの妻イングリドが亡くなった。フォール島の自宅で彼は一人になってしまった。彼は自宅の映写室での映画の上映を続ける。いわゆる本の虫ではないベルイマンは、映画の映像に想像力を喚起されるのである。

一九九七年の一二月に、ベルイマンの新作テレビ・ドラマがスウェーデンで放映された。題名は『騒ぎ立てそして取り澄まし』である。一九七〇年以降のベルイマン作品の精神分析的傾向とベルイマンの無声映画好きが合体したような作品だ。

一九二五年一〇月、ある精神病院の一室で、『ファニーとアレクサンデル』、『愛の風景』、それに『日曜日のピュ』にも出てきた風変わりな人物カール＝オケルブロムが、蓄音機で、シューベルトの『冬の旅』を聞いている。彼は発明家であるが、婚約者を殺そうとしたために、この精神病院に収容されているのである。彼は時々幻覚を見る。それはリグモールという名前の不思議な両性具有的な白い道化師についての幻覚である。

カールは精神病院のもう一人の患者オスヴァルト＝フォーグレルと一緒に映画を作ることを思いつく。精神病院を退院した二人が考えた映画は、スクリーンの背後で映像に合わせて、登場人物のセリフを声色を使って語るという、ライヴの映画である。

彼らはシューベルトとある有名な一九世紀の高級売春婦が出会うという想像上の物語を作り上げ、それを『夜の女のよろこび』という題名の無声映画として仕上げる。この映画をもって二人はスウェーデン各地で上映会を行い、その後ある田舎のグローネ禁酒会のロッジにたどり着く。上映会が始まる。その夜はひどい吹雪であるが、数人の村人や、カールの異母姉妹のカーリン＝ベルイマンもここにやってくる。映画の上映中、突然ヒューズが飛び、上映は中止せざるを得なくなる。だがこの上映会を続けるために、声色を使ってセリフを語るために居合わせた人々が、俳優として映画の内容を演じる。照明用につけられたたくさんのロウソクが幻想的な効果を作り出す。芝居によって映画が最後まで演じられた後、観客たちは出演者に礼を述べて帰ってゆく。

無声映画その無垢なるもの

『最後の叫び』に続いてベルイマンは、彼の愛する無声映画を材料にしている。このドラマでは、手作りの無声映画に声色がつけられ、さらに電気が使えなくなって以降は、芝居によってその続きが上演される。映画と芝居というベルイマンの芸術活動の二つの面が、ここでは合体して創造のよろこびを再現してくれる。

主人公のカール＝オケルブロムはベルイマンの作品では、子供のような心をもつ伯父さんであり、神経質ではあるが機知に富み、また創造的才能をもっている。彼とともに映画を作るフォーグレルは、これまでにベルイマンの作品に何度も登場した名前である。

上映会が始まる前に、カールの継母が突然ロッジを訪れ、カールの婚約者パウリーネに母親と息子の関係について告白的に語る部分がある。さらに上映会にはカールの異母姉妹であるカーリン＝ベルイマンがやってくる。これはベルイマンの実際の母と同じ名前である。『ファニーとアレクサンデル』や『愛の風景』では、ベルイマンの母に対するイメージが鮮明に描かれており、短編の『カーリンの顔』では、母への愛情が写真を通して直接映画を見る者に伝えられる。

ベルイマンにとって創造の空間はいまや、愛する者がそこに立ち会う空間へと変貌している。消え去ってしまった過去の時間がそこに蘇る。手作りの映画、手作りの芝居、それらは子供時代のベルイマンが想像し、また人形芝居などを通じて作り上げようとした無垢なる創造の対象である。『ファニーとアレクサンデル』で、彼の映画作りの集大成を行って以降、ベルイマンはこの無垢なる創造の対象と過去の記憶に戻っていった。

『最後の叫び』ではイェオイ＝アフ＝クレルケルという〈発見〉が過去の映像の中で行われた。それはシェーストレームやスティルレルといったスウェーデン無声映画の巨匠の背後に隠されていた存在であった。この人物を道化師として、フィクションの中で戯れさせたのである。

『騒ぎ立てそして取り澄まし』では、一九二五年に映画を作り、芝居をするという、不可能な欲望をベルイマンは実現させた。日頃ベルイマン自身がフォール島の自宅の映写室で見ているような無声映画のスタイルが、このドラマの中で上映される白黒のフィルムの映像の中でベルイマンによって創作されている。

老いと向き合って

一九九八年はベルイマンにとって大きな年になった。五月にはフランスのカンヌ映画祭が、ベルイマンのこれまでの映画の業績に対して賞を贈った。翌六月に、ベルイマンは久しぶりにジャーナリストの前に姿を現し、新作映画を作ると発表した。それは『背信』という題名の作品で、自分自身の体験に基づく愛の葛藤のドラマであるという。

一九九八年七月一四日、ベルイマンは八〇歳の誕生日を迎えた。これを記念してスウェーデンのテレビ放送は、ヨルン＝ドンネルによるベルイマンへのインタビュー番組を放送した。『ファニーとアレクサンデルの記録』に映されているベルイマンの姿に比べると、すでに一七年も経過しており、さすがに年老いた印象は免れ得なかったが、自らの過去を語ってゆく話しぶりには力がこもっていた。新作映画をこれからも作ろうとする老監督のエネルギーを感じさせるインタビューであった。

現代史の中のベルイマン

私たちはこれまで、ベルイマンの映画作品と脚本作品、テレビ・ドラマ作品を年代順に見てきた。映画化された最初の脚本作品『もだえ』

が一九四四年、そして監督デビュー作『危機』が一九四五年である。その後現代まで映画作品、テレビ＝ドラマを作り続けてきたベルイマンは、まさしく第二次世界大戦後の〈現代史〉を映画創作を通して歩んできた人物である。このベルイマンの五〇数年間を全体として見たときに、この芸術家の仕事の中に何が見えてくるだろうか。

初期のベルイマンの映画は、大体において同時代の類型的な映画のジャンルに属する一方で、物語の語り方において個性的な特徴が多く発見できたし、幸福や希望、絶望や失意といった抽象的な観念や感情が、それぞれの映画の中心部を形成していた。それはベルイマンが初期の段階においても、単に類型的なジャンルの均一化された映画を作ったのではなかったことを示している。

初期にはまた、外国映画から多くを学んだ痕跡が見られた。フランスの詩的レアリスムの映画、ほぼ同時代のイタリアのネオレアリズモ映画、アメリカのフィルム・ノワールなどがベルイマンの初期映画に大きな影響を与えた。

内面への旅

しかしベルイマンは映画によってはっきりとした個人的ヴィジョンをも早くから示していた。『牢獄』では、世界が地獄の寓意としてとらえられていた。つまり映画が描く世界が、ベルイマン個人の内面的世界で作られた〈別の世界〉を反映することになる。そこに出現するのが、ベルイマンの個人的な記憶や精神的外傷の表現である。『道化師の夜』の恥辱、

『第七の封印』の死神その他の図像は、その表れである。さらにこの内面への旅は、映画という時空間を自由に操れるメディアによって、非常に豊かな表現をもつことになる。

初期の映画における、執拗に繰り返される時間操作――フラッシュバックという形で現れる――については詳しく言及した。さらに時間と空間は『野いちご』では中心的な主題とすらなってゆく。

神の問題と迷宮世界

ベルイマンの作品を初期から中期に分け隔てるものは神の問題であろう。目に見えない超越者や信仰の主題が、ベルイマンの中期の作品に登場し、映画はいわば、見えぬものについて考える契機を与えるものになった。ベルイマンの国際的名声が高まったのも、これらの映画を通してである。『魔術師』や神の沈黙に関する三部作を通して、形而上学的な問題と対面する映画の可能性を世界に意識化させたのは、ベルイマンの大きな功績であった。

ベルイマンはさらに芸術家の心の闇の中に、その主題を広げてゆく。『ペルソナ』や『狼の時間』などによって、芸術創造と狂気の境界線にまで、映画の映像は入りこんでゆくのである。それは映画を見る観客にとっては、ほとんど迷宮を歩んでゆくような体験でもあった。

ように なる。

現代的主題　『夜の儀式』でテレビ用の映像に着手したベルイマンは、特に『ある結婚の風景』以降テレビというメディアの特殊性を利用して、現代人が抱えるコミュニケーションの問題、孤独であること、男と女の愛の結びつきについてなど、テレビの視聴者が容易に自分に関係づけられるような主題を積極的に扱うことになる。そこでは精神分析的アプローチがはっきりと採用され、心の錯乱が映し出す不気味なイメージが、日常的現実のイメージと隣接して置かれるようになる。

ブルジョワ・イデオロギー　ベルイマンのこれまでの映画における自己告白的・自伝的要素は、『ファニーとアレクサンデル』において、自らの少年時代を彷彿とさせる巨大なフレスコ画のようなヴィジョンに結実した。それは自分の創造の原点を再構築する試みでもあった。

『ファニーとアレクサンデル』が端的に示すように、ベルイマンは自分の内面に入ってゆく芸術家である。もちろん『冬の光』などに描かれているように、外側で起こっている出来事は個人に対して脅威を与えるのだが、それに対して個人は何もすることが出来ない。ただ怯えるのみである。実存主義の影響を受けたベルイマンも、サルトルのような社会参加の思想には縁がなかった。それはブルジョワ・イデオロギーに他ならないとして、一九七六年に出版された『イングマール＝ベル

ベルイマンとスヴェン＝ニュクヴィスト

イマンとブルジョワ・イデオロギー』という本の中で、スウェーデンの研究者マリーア＝ベリオム＝ラーションは、ベルイマンを批判した。

ベルイマンが非常に個人的な芸術家、自分の内面に生じる問いや論理や混沌と向き合う芸術家であることは確かである。しかし同時にそのことは、現代人そのものにも関係してくる問題を含んでいる。それは一面ではブルジョワ・イデオロギーを表していることも事実であるが、別の面では現代を生きる人々の共通の問題でもあるのだ。

映画によって自己を見つめる

ベルイマンは現代人の苦悩を描く一方で、芸術創造の素晴らしさを繰り返し称える。過去を振り返ったり、芸術世界に埋没することを、単に現実逃避とみなしてはならない。自分自身と向き合い、自己の内面的な奥行きの中から創造的な力を沸き上がらせてゆく。この創造的営みは、現実逃避の方法ではない。そこには自分と出会うという現実的な行為がある。ベルイマンの作品が、諸々の娯楽的な映画より遙かに現実味をもつとしたら、それは映画によって観客が自己を見つめざるを得なくなるからである。冒頭に、ベルイマンの映画を見て自殺志願者になることを恐れる親という、スウェーデンの調査の一端を紹介した。確かにベルイマンの映画を見ることにおいて、観客はただ気楽な上映時間を過ごすのではない。観客は不安を抱き、見えない出口を探し続け、存在についての確固たる感覚を揺るがされるかもしれない。

これらすべては、現代人の問題に関係する。ある者は超越者に疑問を抱き、ある者は自分が社会の小さな歯車にすぎないと思う。また夫婦の惰性化した生活にむなしさを感じる者がいるだろうし、本当にコミュニケーションをすることが可能なのかと考える者、生きる意欲を失う者がいるであろう。ベルイマンの芸術は、一過性の娯楽映画のように、これらの苦しみに対する薬ではない。過去を背負って現代に生きる人々と対面し、そしてその中で創造的営みが、いかに生きることと緊密に結びついているかを発見させてくれるのがベルイマンの映画である。

あとがき

この本を書いてみて、改めてベルイマンの創造的エネルギーに圧倒された。彼は仕事を開始した一九四〇年代より、ほとんど休みなく働いている。本書ではベルイマンの仕事の一面である映画についてだけ言及したが、これ以外に彼は演劇の仕事もしているのである。ベルイマンの人生は、映画と演劇の創造に尽きると言ってよい。彼の人生の中で他に何か大きな出来事が記されるとしたら、多分彼の女性遍歴と、それからあの脱税事件の顚末が加わるだろうか。それらが直接的・間接的にベルイマンの創造的仕事に少なからぬ影響を与えたことは確かであるが、それでもベルイマンは、例えば歴史の大きな波に翻弄されたような人生を送った人物ではない。その意味では、彼の人生そのものは、それほどドラマティックなものとは言えないだろう。

ベルイマンの旺盛な創造的力を感じながら、本書では彼の映画作品、テレビ・ドラマのすべてについて紹介した。このような小さな本の中で、ベルイマンの全作品を紹介することは確かに困難ではある。しかし筆者は、彼の代表的幾つかの作品だけを選んで深い分析を行うというやり方を敢えて避けた。本書が対象とする読者の多くが、映画の専門家ではないこと、ベルイマンの作品についても多くを知らないことを想定したからである。映画の略筋を、簡単ではあるがすべての作品につけたのもこのためである。

なお一つだけ、ここで記しておきたいことがある。それはスウェーデンの人名読みについてである。スウェーデンの人名については、日本ではまだ表記が定まっておらず本書でそれをどう書くか若干迷った。一つの方法としては、スウェーデン人のインフォーマントに人名をすべて発音してもらい、スウェーデン語の知識のない日本人に聞き取りを頼み、カタカナ表記してもらうというのがある。だがこれは想像以上に難しく、ほとんど意味をなさないことがわかる。つまりよく言われる原音主義ほど非体系的な表記はないのだ。

スウェーデン語のような独特の抑揚のある言語は、原音主義で表記することが不可能と考えてよい。例えば『もだえ』の監督 Alf Sjöberg はアルフ＝シェーベルイと表記したが、この〈シェーベルイ〉の部分は、カタカナ読みでこのまま発音しても、大概のスウェーデン人には通じない。しかし日本語ではこう表記せざるを得ないと考えた。

またスウェーデン語独特のO音は、特に語頭で〈ウ〉と聞こえるので、例えば Mäster Olofsgarden は〈メステル・ウーロフスゴルデン〉と記した。しかし Johan はユーハンでもユーアンでもなく〈ヨーハン〉と記した。地名等の固有名詞についても、人名表記に準じ、私なりの統一性をもたせた。その他、人名表記に関し、幾つか考えるところがあったが、そのすべてを説明することはこの場所では控えることにしたい。

筆者にとってベルイマンは、映画芸術へ目を向けさせてくれるきっかけを作ってくれた人物であった。まだ少年の時分、初めて見たスウェーデン映画が『鏡の中にある如く』であった。当時、これが一体何を語った映画か私には理解できなかったが、不思議にこの映画に惹かれてしまった。その後まもなく、私は学校で習い始めた英語で、スウェーデン人の少女と文通を開始したのである。同時に、名画座でベルイマンの映画が上映されているのを見つけては足を運んだ。中学、高校と、当時日本で見られる限りのベルイマン作品はすべて見たが、それでもすべての作品を見ることは不可能だった。私がベルイマンの作品を年代順に通してすべて見ることが出来たのは、一九七八年、コペンハーゲンで留学生活を送っている時であった。

時は流れて、あれから二〇年経過している。その間、私はいつもベルイマンの世界と近いところにいたとは言えない。今回、この小著についての話をいただいて、私は懐かしさをこめて、ベルイマンの世界に再び入ってみた。二〇年前に書いたノート、買ったままになって読んでいなかった研究書などを出して読んだ。それはベルイマンの作品に似た、少しばかりスリリングな時間旅行でもあった。

最後になったが、謝辞を記しておきたい。まず筆者にベルイマンについて書くべきであることを言ってくださった埼玉大学の安達忠夫教授に感謝したい。またコペンハーゲン大学の故モーリス＝ドルジー教授は、ベルイマンについて私に多くのことを教えてくれた。教授による二〇年前の講義をメモしたノートは、現在でも私の手元に大切に保存されている。さらにイェーテボルイ大学講師のイェーラン＝ヴェルンストレーム氏及びコペンハーゲンの友人スティー＝ニールセン氏は重要な資料を送って下さった。編集の実務にあたってくださったのは、村山公章氏と吉田美穂さんである。そして清水幸雄氏は、スウェーデンの文化・芸術に対する大いなる愛情から、このシリーズにベルイマンを加えて下さった。これらの方々にお礼を述べたいと思う。

（後記）

私が本書を書き終えたあと、ベルイマンはさらに三本の作品をテレビ用に作っている。一つはストリンドベリの舞台劇を演出した『幽霊ソナタ』（二〇〇〇年）、それから数年来のベルイマンのテーマの一つでもあるスウェーデン無声映画へのアプローチを顕著に物語る『映像を作るものたち』（二〇〇〇年）、そして我が国でも劇場公開された『サラバンド』（二〇〇三年）である。とりわけ『映像を作るものたち』が描くヴィクトル＝シェーストレームと彼の周りにいる人々の関係は、完全なフィクションであるけれども、一九二〇年ころの映画製作を素材とした人間のドラマをベルイマン的なユーモアと深刻さを織り交ぜて見せてくれる。

『サラバンド』のマリアンヌとヨーハンは『ある結婚の風景』の登場人物と同じ俳優が同じ名前

で演ずるので、続編のように見られないこともないが、全く独立した一作品であり、ここでも人間同士の結びつき、苦悩、愛、芸術創造といったベルイマンが繰り返し映画の中で表現してきた主題が繰り返される。

二〇〇二年にスウェーデンでイングマール＝ベルイマン財団が設立され、ベルイマンの映画、テレビ、演劇、文学作品のアーカイヴとして世界中の愛好者や研究者のために資料を保存する仕事が開始された。この財団の仕事、所蔵資料の詳細に関しては、インターネットのホームページでも見ることができる（http://ingmarbergman.se）。

イングマール＝ベルイマンは二〇〇七年七月三〇日フォール島の自宅にて死亡した。享年八九歳。遺体は翌月の八月一八日、フォール教会の墓地に埋葬された。

ベルイマン亡き後も、世界中でベルイマンの映画は上映され、また彼の映画の舞台版も劇場で上演されている。とりわけこの数年で、彼の映画のデジタル化作業が進められ、新たにデジタル化された高画質の映像が、劇場で上映され、さらにはブルーレイ・ディスクなどに商品化され、家庭でも繰り返し見られるようになった。このような形で、彼の作品は現在形で世界中の人々に受容され続けている。

ベルイマン年譜

西暦	年齢	年譜	主な出来事
一九一八		七月一四日、牧師の息子としてウプサラに生まれる。	11月、第一次世界大戦終わる。
二四	6	映画を初めて見る。	
二五	7	祖母のクリスマスプレゼントとして兄がもらった映写機を手に入れる。	
三三	15		ヒトラー、首相になる。ナチス政権成立。
三四	16	交換留学生として夏にドイツ滞在。	
三八	20	ストックホルム高等学校（現ストックホルム大学）に入学。文学・美術史学科に在籍。メステル・ウーロフスゴルデンにて舞台劇『外国の港へ』を演出。	ミュンヘン会談。
四〇	22	メステル・ウーロフスゴルデンにて「マ	

		クベス」を演出。	
四二	24	学生劇場にて自作の戯曲『カスペルの死』を演出。 スヴェンスク・フィルムインドゥストリ社の脚本部で働く。	
四三	25	エルセ＝フィシェルと結婚。	
四四	26	自作の映画脚本『もだえ』がアルフ＝シェーベルイの監督によって映画になる。 ヘルシングボルイ市立劇場の主任演出家となる。	
四五	27	エレン＝ルンドストレームと結婚。 『危機』で映画監督デビュー。	広島・長崎に原爆投下。 日本軍の無条件降伏。 ヤルタ会談、ドイツ降伏。 ポツダム会談。 国際連合成立。
四六	28	『われらの恋に雨が降る』 イェーテボルイ市立劇場の主任演出家となる。	
四七	29	『インド行きの船』 『闇の中の音楽』	

四八	30	『愛慾の港』 『牢獄』（自らのオリジナル脚本を映画化した最初の作品）	イスラエル共和国成立 →第一次中東戦争。
四九	31	『渇望』 『歓喜に向かって』 ラジオ・ドラマの演出を初めて行う。	
五〇	32	『夏の遊び』 『そんなことはここでは起こらない』 ストックホルムの室内劇場でブレヒトの『三文オペラ』の演出などを手がける。	朝鮮戦争勃発（～五三）。
五一	33	グン＝グルートと結婚。 映画館用のコマーシャル・フィルムを何本か監督。	サンフランシスコ平和条約。 日米安全保障条約。
五二	34	『女たちの期待』 『不良少女モニカ』 マルメ市立劇場にて舞台演出。	
五三	35	『道化師の夜』	

五四	36	『愛のレッスン』 『女たちの夢』	
五五	37	『夏の夜は三たび微笑む』	第一回アジア＝アフリカ会議（バンドン会議）。
五六	38	カンヌ映画祭で『夏の夜は三たび微笑む』が受賞したことにより、ベルイマンの名前が国際的に認められる。	エジプト、スエズ運河国有化→第二次中東戦争。
五七	39	『第七の封印』 ヤルマール＝ベルイマンの戯曲をテレビ放映のために演出。	ソ連人工衛星打ち上げ。
五八	40	『野いちご』 『女はそれを待っている』 『野いちご』がベルリン映画祭でグランプリを受賞。	
五九	41	『魔術師』 パリとロンドンで舞台演出。 『処女の泉』	

六〇	42	ケービ＝ラレテイと結婚。アメリカで『処女の泉』にアカデミー外国語映画賞が与えられる。『悪魔の眼』『鏡の中にある如く』ストックホルムの王立劇場の主任演出家になる。	南ベトナム解放民族戦線結成。アフリカ諸国の独立（アフリカの年）。
六一	43	スヴェンスク・フィルムインドゥストリの社長デュムリングの急死により、この会社の芸術アドバイザーとなる。『冬の光』	東独ベルリンの壁構築。
六二	44	『沈黙』	キューバ危機。
六三	45	『これらすべての女について語らぬために』ストックホルムの王立劇場の劇場主となる。	
六五	47	オランダでエラスムス賞を受賞。	

六六	48	『ペルソナ』 住居をフォール島に移す。	
六七	49	『狼の時間』 『恥』 自分の映画会社シネマトグラフ社をストックホルムに設立。	第三次中東戦争。
六八	50	『夜の儀式』 ローマのフェデリコ＝フェリーニのもとを訪れ、一緒に映画を作る約束をする(この企画は実現されなかった)。	ソ連東欧軍のチェコ侵入。
六九	51	『受難』 『フォール島の記録』で初めての記録映画を製作する。	
七〇	52	王立劇場でのストリンドベルイ作『夢想劇』の演出が大成功をおさめる。 ヘルシンキ、ベオグラード、ヴェネツィア、ウィーンなどで舞台演出。	

		『ふれあい』をアメリカ資本で製作。	
七一	53	イングリド＝カーレボーと結婚。『叫びとささやき』	
七二	54	『ある結婚の風景』で連続テレビ・ドラマに進出。	
七三	55	『夏の夜は三たび微笑む』が『ア・リトル・ナイト・ミュージック』という題名でアメリカのブロードウェー・ミュージカルになる。	第四次中東戦争。ベトナム和平協定調印。
七四	56	『魔笛』	
七五	57	『鏡の中の女』ストックホルム大学から名誉博士号を授与される。	サイゴン陥落（ベトナム戦争終結）。
七六	58	一月に脱税容疑で逮捕されるが、まもなく釈放される。四月、スウェーデンを離れる。フランス、アメリカ、デンマーク、ノルウェー、西	

		ドイツに滞在。八月、西ドイツのフランクフルト・アム・マインでゲーテ賞を受賞する。九月、西ドイツのミュンヘンに居を定める。ミュンヘンのレジデンツ劇場で舞台演出。	
七七	59	『蛇の卵』	
七八	60	『秋のソナタ』一一月、脱税事件についての名誉回復がなされる。	日中平和友好条約。
七九	61	『フォール島の記録一九七九』『マリオネットの人生より』	米中国交正常化。
八二	64	『ファニーとアレクサンデル』この作品によって映画からの引退を表明。以後の映像作品はすべてテレビ用に作られる。	
八三	65	ヴェネツィア映画祭でベルイマンの全作品に対して金獅子賞が贈られる。	

八四	66	『リハーサルの後で』 『ファニーとアレクサンデル』がアカデミー賞四部門で受賞。	
八六	68	『二人の祝福されし者』	チェルノブイリ原子力発電所事故。 九〇　東西ドイツ再統一。
九二	74	『愛の風景』と『日曜日のピュ』の脚本執筆。	
九四	76	『最後の叫び』	九三　EU（ヨーロッパ連合）発足。
九七	79	『騒ぎ立てそして取り澄まし』 カンヌ映画祭がベルイマンの全作品に対して賞を贈る。	
九八	80	スウェーデンのテレビがベルイマンに対する長時間のインタビューを行い、彼の八〇歳の記念としてそれを放送する。	
二〇〇二	84	イングマール＝ベルイマン財団設立。	
〇三	85	『サラバンド』	
〇七	89	フォール島の自宅にて死去。	

参考文献

文献は書籍のみとし、新聞雑誌の記事、論文、映画公開時のパンフレット等は省いた。また外国文献は各国語で非常に沢山出版されているため、本書で直接に引用したもののみに限った。

日本語文献

ジャック＝シクリエ著『ベルイマンの世界』（一九六八年、竹内書店）
世界の映画作家9『イングマール＝ベルイマン』（一九七一年、キネマ旬報社）
三木宮彦著『ベルイマンを読む』（一九八六年、フィルムアート社）
イングマール＝ベルイマン著『ベルイマン自伝』（一九八九年、新潮社）
G＝ウィリアム＝ジョーンズ編『ベルイマンは語る』（一九九〇年、青土社）

外国語文献

Fritiof Billquist : Ingmar Bergman, Teatermannen och filmskaparen. (1960, Stockholm)
Marianne Höök : Ingmar Bergman. (1962, Stockholm)

Jörn Donner : Djävulens ansikte, Ingmar Bergmans filmer.(1962, Stockholm)
Maria Bergom-Larsson : Ingmar Bergman och den borgerliga ideologin. (1976, Stockholm)
Hauke Lange-Fuchs(Hg) : Der frühe Ingmar Bergman. (1978, Lübeck)
Peter Cowie : Ingmar Bergman. (1982, London)
Frank Gado : The Passion of Ingmar Bergman. (1986, Durham)
Eckhard Weise : Ingmar Bergman. (1987, Reinbek bei Hamburg)
Ingmar Bergman : Bilder. (1990, Stockholm)
Hubert I.Cohen : Ingmar Bergman. The Art of Confession. (1993, New York)
Egil Törnqvist : Between Stage and Screen. Ingmar Bergman Directs. (1995, Amsterdam)
Birgitta Steene : Måndagar med Bergman. (1996, Stockholm)

さくいん

【人名】

【作品・書籍】

ベルイマン■人と思想166　　定価はカバーに表示

2000年11月21日　第1刷発行©
2015年9月10日　新装版第1刷発行©
2023年2月25日　新装版第2刷発行

・著　者　……………………小松《こまつ》　弘《ひろし》
・発行者　……………………野村　久一郎
・印刷所　……………………大日本印刷株式会社
・発行所　……………………株式会社　清水書院

〒102-0072　東京都千代田区飯田橋3-11-6
Tel・03(5213)7151～7
振替口座・00130-3-5283
http://www.shimizushoin.co.jp

検印省略
落丁本・乱丁本は
おとりかえします。

CenturyBooks

Printed in Japan
ISBN978-4-389-42166-3

CenturyBooks

清水書院の〝センチュリーブックス〟発刊のことば

近年の科学技術の発達は、まことに目覚ましいものがあります。月世界への旅行も、近い将来のこととして、夢ではなくなりました。しかし、一方、人間性は疎外され、文化も、商品化されようとしていることも、否定できません。

いま、人間性の回復をはかり、先人の遺した偉大な文化を継承して、高貴な精神の城を守り、明日への創造に資することは、今世紀に生きる私たちの、重大な責務であると信じます。

私たちがここに、「センチュリーブックス」を刊行いたしますのは、人間形成期にある学生・生徒の諸君、職場にある若い世代に精神の糧を提供し、この責任の一端を果たしたいためであります。

ここに読者諸氏の豊かな人間性を讃えつつご愛読を願います。

一九六七年

SHIMIZU SHOIN